잃어버린 나를 찾습니다

가면을 벗고 마주할 용기

잃어버린 나를 찾습니다

조영민 지음

소_유

주님이 맡기신 영혼들을 신실하게 돌보며

43년간 사명의 길을 완주하신,

그리고 내게 '나로 살아도 괜찮다'고 가르쳐 주신

아버지 목사님께 사랑과 존경을 담아

이 책을 바칩니다.

차례

추천사
8

프롤로그
"가면을 벗은 자리에서 사랑을 만나다"
14

1. 첫 번째 여정
"불편한 가면을 벗어라"
21

2. 두 번째 여정
"숨바꼭질은 끝났다"
55

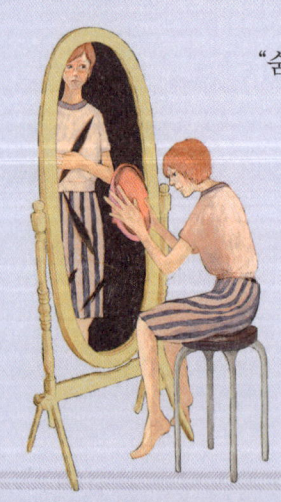

3. 세 번째 여정

"가치는 변하지 않는다"

85

4. 네 번째 여정

"나를 맡기고, 자유하라"

113

에필로그

"시작되는 여정을 응원하며"

140

추천사

불안하고 고통스러운가? 천지간에 혼자라고 느끼는가? 아니다. 당신은 틀렸다. 당신에게는 이 세상 그 누구보다 센 '빽'이 있다. 당신을 만들어 이 세상에 보내고 살아 있게 한 그분 말이다.

마흔 넘어 뒤늦은 사춘기를 보내며 방황하던 어느 날, 기도 중에 그분의 목소리를 들었다. "얘야, 지금까지 내가 너를 사랑하지 않은 적이 없다." 그날 이후 나는 꺾일 것 같던 무릎을 다시 세워 걸을 수 있었다. 하지만 세월이 흐르니 어리석은 나는 다시 세상에 휩쓸리다 잊고 만 것 같다. 나는 혼자가 아니라는 것. 내 뒤에, 안에 그분이 계시다는 것.

혹시 나처럼 세상천지에 혼자인 것 같아 절망하는 분이 계시다면 조영민 목사님의 이 책을 펴 볼 일이다. 그분이 시편 속에서 당신의 목소리를 들려주실 것이다. 그리하여 당신은 당신과 온전하게 만나 평화에 이를 것이다.

최인아 · 최인아책방 대표

우리의 삶은 참 자아를 찾아가는 여정일 것입니다. 세상은 우리가 선택받기 위해 필요한 이런저런 조건을 제시하지만 세상의 기준 위에 세운 자아는 모래성처럼 쉽게 무너질 수밖에 없다는 조영민 목사님의 말씀을 저는 신뢰합니다. 세상의 기준은 위태롭고 사람들의 시선은 변덕스럽기 때문입니다. 금빛이 금빛을 말하는 순간 세상의 금빛은 사라졌고, 은빛이 은빛을 말하는 순간 세상의 은빛도 사라지고 말았습니다. 제 잃어버린 자아의 뒤뜰엔 가시나무만 무성히 자라고 있었습니다. 참 자아를 찾기 위해 성경이 안내하는 길이 궁금해 이 책을 세심히 읽었습니다. 세밀한 단계를 거치며 아름다운 건축물이 완성되는 것처럼 편편이 마음 깊이 와 닿았습니다. 이 책에 담긴 조영민 목사님의 글은 학벌과 스펙과 재력과 외모만이 최고의 가치라고 말하는 어리석은 세상을 향한 쨍쨍한 깨우침입니다. 소중한 지인을 만나러 가기 전에 이 책을 완독할 수 있어 다행입니다. 결혼을 앞둔 지인에게 들려줄 이야기를 여러 날 생각했는데 모두 내려놓고 지인 앞에 이 책을 놓아주기로 했습니다.

이철환 · 소설가, 『연탄길』, 『위로』 저자

우리 모두는 세상의 시선 속에서 자신을 증명하려 애쓰다, 어느 순간 진짜 나를 잃어버릴 때가 있습니다. 그러나 감사한 것은, 하나님 안에서는 어떤 가면도 벗을 수 있고, 참된 나를 만날 수 있다는 것입니다.

조영민 목사님의 『잃어버린 나를 찾습니다』는 시편 139편 말씀을 따라, 하나님이 나를 어떻게 바라보고 계시는지를 깊고 섬세하게 보여 주는 책입니다.

제가 걸어온 히즈빈스의 여정 또한 바로 그 고백 위에 세워졌습니다. 세상의 기준으로는 연약해 보이던 이들이 하나님 안에서 존귀한 존재로 다시 일어서는 기적을 저는 매일 목도하고 있습니다.

이 책은 단순한 자기 이해를 넘어, "하나님이 나를 아신다"는 진리 안에서 진정한 자유와 회복을 경험하도록 독자를 인도합니다. 『잃어버린 나를 찾습니다』를 읽는 모든 분이 자신을 향한 하나님의 시선을 새롭게 발견하고, 그 사랑 안에서 담대하게 새로운 삶의 걸음을 내딛게 되기를 진심으로 바랍니다.

임정택 · (주)향기내는사람들 대표 이사

저는 '무교에 가까운 가톨릭 신자'입니다. 기독교 신앙을 바탕으로 쓰인 내용임에도 제 마음을 움직인 건 그 안에 담긴 보편적인 인간의 불안과 갈망 때문이었습니다. 처음에는 '하나님의 사랑'이라는 표현이 낯설고 와 닿지 않았습니다. 평소 제가 의지하는 건 결국 '나 자신'이었으니까요. 하지만 이 책이 던지는, "이게 정말 나일까? 이렇게 사는 게 맞는 걸까?"라는 질문만큼은 피할 수 없었습니다. 극심한 번아웃 이후 과감하게 퇴사하고 정말 좋아하는 일을 찾는 과정에서 느꼈던 심리적 변화들과 맞닿아 있었으니까요.

그래서 이 책은 종교적인 언어를 넘어, '진짜 나다운 나'로 살아가는 길에 대한 진솔한 이야기로 다가왔습니다. 책을 다 읽을 때쯤, "하나님은 우리를 사랑하고, 우리의 모든 것을 아는 분"이라는 표현이 저에게는 '내 모든 걸 알면서도 나를 인정해 주는 존재가 있다면 얼마나 좋을까' 하는 간절함으로 다가왔습니다. 저는 이 책이 기독교 신앙 도서의 범주 안에 있지만 그 틀을 벗어나 이 세상을 살아가는 우리 모두에게 꼭 필요한 책이라고 생각합니다.

박소연 · 국제대학 초빙교수, 『박대리 AI 팀장되다』 저자

세상이 말하는 기준을 따르다 보면 믿음이 흔들리고 낙심하는 자신을 볼 때가 있습니다. 그런 제게 이 책은 말합니다. "세상이 아닌 하나님의 눈으로 나를 바라볼 때, 흔들리지 않는 가치와 자아가 완성된다." 내가 얼마나 하나님에게 사랑받는 존재인지를 알고 싶다면, 주님의 인도하심을 신뢰하며 나아가는 기쁨을 누리고 싶다면 이 책을 보십시오. 이 책을 완독한 그 자리에는 하나님의 사랑 안에서 참 자아가 세워져 있는 자신이 서 있을 것입니다.

나의 가치를 깨달은 • 노혜원 청년

'나는 누구인가?' 라는 물음은 인생에서 가장 중요한 질문입니다. 그 질문에 대해 어떤 답을 가지고 있느냐에 따라 인생길이 달라지기 때문입니다. 이에 대해 세상은 갖가지 수단과 방법으로 자신을 증명하라고 합니다. 그것은 곧 나만의 가면으로 오히려 나를 감추는 결과를 낳습니다. 저자는 같은 물음에 다른 방식으로 답합니다. 나를 향한 시선이 아니라 하나님을 향한 시선을 가지라는 것이지요. 그것은 하나님이 나를 아신다는 따뜻한 진리 안에서의 평안과 쉼입니다. 많은 사람이 자신을 보며 사는 시대에 하나님을 향한 시선 전환을 말하는 이 책은, 삶의 망망대해에서 자신감을 잃어 가는 많은 그리스도인에게 방향키를 제공합니다. 특히 많은 가면으로 자신을 치장하려는 이 시대 기독 청년들에게 이 책은 신앙적 교과서가 될 것입니다.

드림교회 신녀 • **이정윤 청년**

세상을 살다 보면, 나의 발이 닿는 이 세상에서 나의 정체성을 발견해야 한다고 착각할 때가 많습니다. 결과를 예측할 수 없고, 삶이 원하는 대로 흘러가지 않을 때는 초조함이 커지기도 합니다. 그런 우리에게 이 책은 말합니다. "사실은 최종 목적지 자체가 사라진 것이 아니라, 여전히 그곳을 향해 가고 있다는 사실을 잊고 있는 것"이라고요. 염려와 불안으로 미래를 걱정하는 모든 청년에게 이 책을 권합니다. 한 장씩 넘길 때마다 희미했던 삶의 여정이 조금씩 환해지는 경험을 할 것입니다. 이 책에는 방황하는 청년들에게 건네는 가장 솔직하고 따뜻한 위로가 있습니다.

복음애정인 • **최정원 청년**

프롤로그

가면을 벗은 자리에서
사랑을 만나다

얼마 전 주말에 서울대공원에 잠시 갈 일이 있었습니다. 그리고 그곳에서 만화나 영화에서 막 튀어나온 것 같은, 독특한 복장과 분장을 하고 있는 수많은 젊은이를 보았습니다. 이것을 "코스프레"라고 부릅니다. 자신이 좋아하는 캐릭터의 의상과 소품, 심지어 말투까지 완벽하게 따라하는 문화입니다.

처음에는 그저 신기하고 놀라웠습니다. 하지만 그들을 계속 지켜보면서 제 마음속에는 단순한 호기심을 넘어선, 아련하고 낯설지 않은 동질감 같은 것이 피어오르기 시작했습니다. '저렇게까지 완벽한 다른 누군가가 되고 싶은 저들의 열망은 어디에서 온 것일까?' 그리고 '옷을 갈아입고 분장을 지울 때는 어떤 마음일까?' 하는 생각이 들었습니다.

누구나 조금씩 가면을 씁니다. 회사에서는 능숙한 직장인으로, 집에서는 다정한 가족으로, 친구들 사이에서는 늘 긍정적인 사람으로 나를 포장합니다. 가면은 처음에는 나를 보호하지만, 언젠가부터 나를 가두는 벽이 됩니다. 그 벽 안에서 웃고 일하고 버티지만 결국에는 이런

생각이 들겠지요. '이 모습이 정말 나일까? 내가 맞나?'

그러다 혼자 남겨진 시간이 되면, 어김없이 허무가 찾아옵니다. 하루 종일 열심히 살았는데도, 마음 한쪽이 뻥 뚫린 것 같습니다. 어쩌면 나답게 사는 법을 잊어버렸기 때문일지도 모릅니다. 어느 순간부터 세상이 정한 기준에 나를 끼워 맞추며, 진짜 나의 목소리는 점점 작아졌기 때문이지요. 잘 살아 보려던 마음이 어느새 '가면'이 되어 버렸고, 그 가면이 벗겨질까 두려워 웃는 법도 잊었으니까요.

이 책은 그렇게 잃어버린 '나'를 다시 찾아가는 이야기입니다. 가면을 벗고, 진심을 꺼내고, 창조주가 처음 빚으신 나의 얼굴을 되찾는 여정입니다.

시편 139편은 이런 선언으로 시작합니다.

> 여호와여 주께서 나를 살펴 보셨으므로 나를 아시나이다(시 139:1).

이 짧은 한 문장에는 놀라운 사실이 숨어 있습니다. 우리를 가장 깊이 아시는 분이, 동시에 우리를 가장 깊이 사랑하신다는 사실이지요. 그분은 우리에게 이렇게 말씀하십니다. "나는 너를 잘 안다. 그럼에도 너를 사랑한다. 그러니, 이제 그만 가면을 벗으렴."

이 책은 그 부름에 응답하는 네 번의 여정으로 이루어져 있습니다.

첫 번째 여정에서는, 가면을 벗는 시도를 통해 다른 사람의 기대에 맞춰 살던 나를 내려놓습니다.

두 번째 여정에서는, 피하고 숨었던 어둠 속에서도 나를 찾아오시는 사랑을 만납니다.

세 번째 여정에서는, 흔들리지 않는 시선 속에서 진짜 나의 가치를 발견합니다.

네 번째 여정에서는, 내가 쥐고 있던 것을 내려놓고, 이제는 '맡김'이라는 자유를 배웁니다.

이 여정은 요즘 유행하는 '자기 이해'를 위한 심리적

탐색이나, 종교적인 이야기가 아닙니다. 누구나 마음속에 품고 있는 질문인, "나는 누구인가?", "나는 왜 이렇게 살아가는가?"에 대한 본질적인 탐색입니다. 가면을 벗고, 어둠을 지나, 변하지 않는 사랑 속에서 나를 다시 만나는 이야기입니다.

'진짜 나'로 살아간다는 것은 내가 완벽해지는 것이 아니라 있는 그대로의 나를 사랑할 수 있게 되는 일입니다. 그 순간, 마음은 자유로워집니다. 이 책이 그 여정의 작은 길잡이가 되기를 바랍니다.

그동안 가면 속에 가두어 두고, 잊고 살았던 여러분의 '진짜 얼굴'이 이 페이지들 사이에서 다시 빛나기를 바랍니다.

나눔교회 조영민 목사

시작에 앞서

- 본문에 인용한 성경 구절은 개역개정판을 기준으로 하였습니다.
- '진짜 나'를 찾아가는 여정의 각 구간에는, 본 내용이 시작되기 전에 일상에서 흔히 마주할 수 있는 짧은 대화를 담았습니다. 그 이야기를 통해 독자 여러분이 이 여정을 더 자신의 이야기처럼 느끼고, 깊이 공감하길 바랍니다.
- 이 책에는 'From. 다윗'이라는 편지글이 등장합니다. 시편 말씀을, 다윗이 오늘의 독자에게 전하는 편지 형식의 글로 각색한 것입니다. '진짜 나'를 찾아가는 여정이 다소 고단하게 느껴질 때, 이 편지 속 다윗이 독자의 발걸음을 밝히는 친절한 안내자가 되기를 바랍니다.

1
첫 번째 여정

"불편한 가면을 벗어라"

나를 아는 하나님,
그곳이 진짜 안전지대

시편 139편 1-6절

여러분,

신기하지 않습니까?

저의 삶은 마치 열린 책처럼

그분에게 낱낱이 읽히고

있었습니다.

제가 앉아 있을 때도, 일어나 움직일 때도

그분은 이미 다 알고 계셨습니다.

제가 길을 나서기도 전에,

돌아올 때조차 어디에서 오는지

다 알고 계셨습니다.

제가 입을 열어 말을 꺼내기도 전에,

그 속뜻까지 읽히고 있었습니다.

뒤를 돌아봐도, 앞을 내다봐도

늘 같은 시선이 저를 둘러싸고 있었습니다.

어깨 위에 얹힌 손길처럼,

저는 그 눈길에서 벗어날 수 없었습니다.

처음에는 두려웠습니다.

나보다 나를 더 잘 아는 존재라니!

하지만 곧 깨달았습니다.

그 사실이야말로 제 삶을 지탱하는

가장 큰 힘이었습니다.

_From. 다윗

시대를 막론하고 우리 대부분은 "나는 누구인가?"라는 질문 앞에 서게 됩니다. 예전에는 이 답을 찾기 위해 수행과 수련에 몰두하기도 했습니다. 계속 걸으며 명상을 하거나 나무 밑에 앉아 깊이 자신을 성찰하기도 했지요. 오늘날에는 혈액형, MBTI, 에니어그램 같은 다양한 심리 검사가 사람들의 관심을 끕니다. 심지어 고대 점성술로 사용되던 별자리 같은 것으로도 타고난 기질과 심지어 인생의 흐름까지 확인하려 합니다.

이런 도구들이 인기가 높다는 것은 그만큼 사람들이 자신의 정체성을 확인하려는 욕망이 크다는 것을 증명합니다. 나는 어떤 사람인지, 나의 성격과 기질은 무엇인지 알고 싶은 마음은 누구도 피할 수 없습니다. 그래서 각종 도구로 나름의 답을 얻기도 하지만, 정말 그것으로 충분한지는 의문입니다. 과연 '진짜 나'를 온전히 알 수 있을까요? 나의 생각과 감정, 성격과 습관을 어느 정도는 이해할 수 있을 테지만, 이것으로는 "나는 누구인가?"라는 질문에 충분한 답을 얻을 수는 없을 것입니다.

종교개혁자 장 칼뱅은 『기독교 강요』 서문과 1권 1장에서 "하나님을 아는 지식과 우리 자신을 아는 지식은 서로 연결되어 있다"고 강조했습니다. 우리는 하나님을 알지 않고서는 '진짜 나'를 알 수 없으며, 반대로 '진짜 나'를 알기 위해서는 반드시 하나님을 깊이 알아야 한다는 것입니다. "나는 누구인가?"라는 질문은 단순한 철학적 사색에서 해결될 수 있는 질문이 아니라 근본적으로 신앙에 속한 영역이기 때문입니다.

그래서 이제부터, 다윗의 고백과 함께 '진짜 나'를 찾아가는 첫 번째 여정을 시작해 보려 합니다. 시편 139편 1-6절에서 다윗은 "하나님이 나를 아신다"고 고백합니다. 이것은 막연한 신학적 선언이 아니라, 다윗 자신의 인생 속에서 터져 나온 체험의 고백이었습니다. 이제 우리도 그 고백의 길 위를 함께 걸어가려 합니다.

첫 번째 여정에서는 네 구간을 통과하게 될 것입니다. 때로는 마음이 불편할 수도 있겠지만, '진짜 나'를 만나는 값진 시간이 될 것입니다. 가면을 벗고, 숨어 있던 모습을 마주하며, 하나님이 아시는 진짜 내 모습을 발견하는 길. 그 길의 첫 페이지를 지금 함께 펼쳐 봅시다.

첫 번째 구간 :
숨겨진 나를 마주하다

"이 사진 SNS에 올릴까 말까?
필터 앱을 안 쓰면
너무 밋밋한데……."

"당연히 포샵해야지.
인생 샷은 현실보다 30퍼센트는
더 반짝여야 하잖아."

(속마음) 그런데, 이게 진짜 나 맞아?

내가 누구인지 알기 위해서는 먼저 자신을 솔직하게 드러내야 합니다. 그러나 자신을 있는 그대로 드러내는 일은 쉽지 않습니다. 솔직하게 내 안을 보여 주면, 남들이 나를 더 이상 소중하게 여기지 않을지도 모른다는 두려움이 밀려오기 때문입니다. '저 사람이 내 행동뿐 아니라 마음속 깊은 생각까지 다 안다고? 그렇다면 내 곁에 머물 이유가 없지 않을까?' 이런 생각이 자연스럽게 떠오릅니다. 사실 내가 나를 보아도 허물이 이렇게나 많은데, 누가 그 모든 걸 알고도 곁에 남아 줄까 싶습니다. 그래서 우리는 본능처럼 가면을 씁니다. 다른 사람이 보고 싶어 할만한 모습으로 나를 포장하고 그 이미지로 나를 기억하게 하려는 것이지요.

물론 이 세상을 살아가는 데에 어느 정도의 가면은 필요합니다. 예를 들어, 싫은 티를 낼 수 없는 자리에서, '예의'라는 이름의 가면을 씁니다. 의사, 교사, 상담가, 목회자처럼 누군가를 돌보는 일을 하는 사람들은 '불안한 전문가'로 보이면 안 되기에, '전문성'이라는 가면을 씁니다. 자신의 분야에서 완벽한 척하지만, 사실 이들도 매일 배우는 중인데도 말입니다.

그러나 어느 순간 문제가 생깁니다. 가면을 오래 쓰고 살아가다 보면 가면 뒤 진짜 나는 사라지고 마음이 몹시 지쳐 버립니다. 그 가면의 모습은 진짜 내가 아니니까요. 보이기 싫은 모습을 들킬까 봐 계속 숨을 참고 있는 것과 같습니다.

교회에도 이런 장면이 펼쳐집니다. 모임을 위해 낯선 사람들이 한자리에 모이면, 첫 모임부터 묘한 긴장감이 흐릅니다. 서로를 처음 만나는 자리인데도, 자연스럽게 '서열'을 정하려 듭니다. 단순히 나이만 기준이 되는 것이 아닙니다. 직업, 학벌, 자녀의 성적 같은 이야기들이 오가며 누가 더 높은 위치에 있는지를 재는 분위기가 생겨납니다.

그렇게 정해진 서열은 그 모임이 끝날 때까지 지속됩니다. 그러다 보니 과장하거나 사실을 조금 바꾸어 말하는 경우도 생깁니다. 그런 분들은 모임을 하는 내내 불안할 수밖에 없습니다. 그 순간 자신을 높이는 듯 보이지만, 혹여 진실이 드러나면 어쩌나, 애써 감춘 것이 밝혀지면 어쩌나 하는 긴장감 속에서 모임을 이어 가야 하니까요. 참 피곤한 삶입니다.

그럼, 이 피곤한 삶을 어떻게 멈출 수 있을까요? 가면을 쓴, 이 고달픈 삶을 멈추기 위해서는 우선 다윗의 고백에 주목해야 합니다.

> 여호와여 주께서 나를 살펴 보셨으므로 나를 아시나이다 주께서 내가 앉고 일어섬을 아시고 멀리서도 나의 생각을 밝히 아시오며(시 139:1-2).

여기서 "살펴 보셨다"는 말은 단순히 멀리서 힐끗 바라본다는 뜻이 아닙니다. 정성스럽게 들여다보고, 깊이 살피며, 세밀하게 연구하는 태도를 말합니다. 2절에는 "앉고 일어섬"이라는 표현이 등장하는데, 이것은 단순한 동작을 넘어, 사람이 하는 모든 일상의 행동을 가리키는 말입니다. 하나님은 우리의 작은 움직임, 눈에 잘 띄지 않는 습관까지도 알고 계십니다. 심지어 우리가 스스로 정리하지 못한 생각까지 멀리서도 훤히 꿰뚫어 보신다고 다윗은 고백하고 있습니다.

하나님은 우리가 말로 표현하지 않아도 우리 마음을 먼저 알아채십니다. 우리가 꺼내지 못한 생각과 감정까지 하나님 앞에서는 숨길 수 없습니다. 그러니까 "하나님이 나를 아신다"는 이 고백은 내가 그분의 가장 깊은 이해 속에 있다는 확신이 됩니다.

이런 하나님 앞에서 가면이 소용 있을까요? 피곤한 삶을 살던 사람도 하나님 앞에 서면 달라질 수밖에 없습니다. 더 이상 가면을 쓸 필요 없는, 숨겨진 나를 마주할 수 있는 자리가 하나님 앞이니까요.

우리는 대체로 겉으로는 괜찮아 보입니다. 중요한 자리에 가기 전, 거울 앞에서 옷매무새를 다듬고 표정을 준비하는 것처럼, 사람들 앞에 설 때는 나를 조금 더 좋은 모습으로 준비합니다. 말도, 행동도 우아하고 멋있게 보이려고 마음먹습니다. 그래서 때로는 외출하는 것 자체가 종종 피곤하게 느껴집니다.

그동안 저는 겉으로는 강해 보이지만 속은 한없이 여린 이들을 많이 만났습니다. 사람들의 시선이 두려워서,

상처받는 것이 힘들어서 겉으로는 강한 척하는 이들입니다. 타인에게 보여 주는 모습과 실제 내 모습이 다를 때가 많고, 때로는 스스로를 속이며 살아가기도 합니다.

하지만 이들도 하나님 앞에서는 달라져도 됩니다. 그분 앞에서는 애써 꾸미지 않아도 괜찮습니다. 내 마음이 아직 정리되지 않은 상태라도, 내 입술에서 말이 나오기 전이라도, 하나님은 내 마음과 내 말을 이미 다 알고 계시니까요. 우리가 느끼는 기쁨과 두려움, 고민과 아픔까지 있는 그대로 알고 계시며, 그럼에도 우리를 외면하거나 떠나지 않으십니다.

그래서 하나님 앞에서는 가면을 벗고 민낯으로 솔직해질 수 있습니다. 두려움도, 아픔도, 실패도 감추려 애쓸 필요가 없습니다. 모든 것을 아시는 하나님에게 내어놓을 때 우리가 얻게 되는 것은 진정한 위로입니다. 나를 다 아시는 주님, 그럼에도 떠나지 않으시는 주님 앞에 선다는 것은 불편한 가면을 벗어 던진 우리가 누릴 수 있는 가장 큰 쉼입니다.

두 번째 구간 :
나도 나를 모른다

"이 회사가 나한테 맞을까?"

"면접 볼 때는 괜찮아 보였잖아."

"그런데 막상 들어가면
또 후회하지 않을까?"

(속마음) 결정을 내리고도 마음이 흔들린다.
사실 내가 뭘 원하는지조차 잘 모르겠다.

저는 심한 길치입니다. 집안 내력이 그렇습니다. 아버지를 보면서 느꼈고, 이제는 제 딸을 보면서 확신하게 되었습니다. 우리 가족은 길을 잘 잃어버리는 사람들이라는 것을요. 사역을 시작할 때, 가장 두려웠던 순간들 중 하나도 이것이었습니다. 심방을 다니려면 주소를 보고 집을 찾아가야 하는데, 저는 아무리 생각해도 그 일을 제대로 해낼 자신이 없었습니다. 그때 마침 세상에 내비게이션이라는 기계가 등장했습니다. 그 순간 저는 기도 응답을 받은 것처럼 안심되었습니다.

여전히 저는 길을 잘 못 찾습니다. 익숙한 길조차도 가끔은 잊어버립니다. 그래서 가까운 곳을 갈 때도, 이미 여러 번 가 본 장소를 갈 때도, 종종 휴대전화의 길 찾기 앱을 사용하곤 합니다. 제 방향 감각을 믿을 수 없기 때문이지요. 운전할 때도 꼭 내비게이션의 안내를 따라야 제 시간에 목적지까지 갈 수 있습니다. 가끔은 다른 길이 더 빠를 것 같아 방향을 틀어 보지만, 결국 낯선 골목을 헤매게 됩니다. 내 생각과 내 감각만으로는 언제나 빙빙 돌 뿐입니다. 길만이 아니라 우리 삶도 한 치 앞을 볼 수 없다는 것을 인정해야 합니다. 삶은 내비게이션 없이 매 순간 전혀 모르는 길을 나서는 것과 같습니다.

우리는 종종 "나는 나를 잘 알고 있다"고 말하지만 사실 이것은 착각입니다. 우리는 스스로를 알지 못합니다. 심지어 나에 대해 가장 모르는 이가 나일 수도 있습니다. 내 마음 깊은 곳에 무엇이 자리 잡고 있는지, 내가 왜 그런 결정을 내렸는지 제대로 설명하지 못할 때가 많습니다. 가장 은밀한 공간에서의 행동조차 나 스스로 이해하지 못할 때가 있습니다. 입술에서 불쑥 튀어나오는 말 가운데는, 내가 의식하지 못했던 마음이 드러날 때도 있습니다. 이렇게 우리는 한 치 앞도 제대로 보지 못하는 존재이지요.

그래서 다윗의 고백은 우리에게 특별합니다. 그는 자기 자신을 다 알 수 없던 그 자리에서, 자신을 완전히 이해하시는 분이 계심을 깨달았습니다. 이제 다윗의 시선을 따라, 그분의 앎이 어떤 의미인지 조금 더 깊이 살펴보겠습니다.

나의 모든 길과 내가 눕는 것을 살펴 보셨으므로 나의 모든 행위를 익히 아시오니 여호와여 내 혀의 말을 알지 못하시는 것이 하나도 없으시니이다(시 139:3-4).

여기서 말하는 "길"은 단순히 발로 걷는 길이 아닙니다. 내 인생의 방향, 매일 반복되는 선택, 내가 쌓아온 습관 같은 것들을 가리킵니다. 우리는 그 길 앞에서 자주 망설입니다. 어느 길이 옳은지, 이 선택이 맞는지 불안해합니다. 그때마다 누군가 "여기가 바른 길이야" 하고 명확하게 알려 준다면 얼마나 마음이 놓일까요.

다윗은 말합니다. 그 길을 아시는 분이 계신다고요. 하나님은 우리가 가려는 방향, 내릴 결정을 이미 아십니다. 내가 입술을 열기 전에, 아직 정리되지 않은 생각 속에서도 하나님은 그 모든 것을 이해하는 분입니다.

그리고 "내가 눕는 것"이라는 표현이 등장하는데, 이것은 단순히 잠자리에 드는 행동만을 뜻하지 않습니다. 가장 은밀한 공간, 누구에게도 보여 주지 않는 내 사적인 자리까지 하나님이 아신다는 뜻입니다. 침실은 누구에게도 쉽게 열어 주지 않는 공간입니다. 그런데 하나님은 그 안에서도 나를 아신다는 말입니다. 내가 하는 모든 행동, 그 뒤에 숨은 동기까지 알고 계신다는 것이지요.

그럼 이쯤에서 질문이 하나 생깁니다. 그렇다면 왜 하나님은 성경을 통해 이렇게까지 자신을 알려 주실까요? 이유는 분명합니다. "내가 너를 이토록 알고 있으니, 나를 네 삶에 초청하라"는 것입니다.

하나님은 멀리서 지켜보시는 관찰자가 아닙니다. 우리의 가장 은밀한 곳에까지 함께하시며 우리의 생각과 행동 속에 동행하기를 원하십니다. 우리가 겪는 기쁨에도, 실패의 순간에도, 하나님은 함께이고 싶어 하십니다. 우리가 마음의 문을 열 때, 그분은 조용히 들어오셔서 무너진 자리를 다시 세우고, 지친 마음에 숨을 불어넣으십니다. 이렇게 나를 깊이 아시는 하나님이 내 삶에 들어오셔서 가장 의미 있는 삶을 살도록 우리를 인도하고 싶어 하시는 것입니다.

진짜 나를 아는 분은 하나님뿐입니다. 하나님은 내 모

든 행동과 그 뒤의 이유까지 아시니까요. 그뿐만이 아니라 앞으로 내가 가야 할 길도 이미 알고 계십니다. 그 길은 수많은 길 가운데 가장 좋은 길이며, 그 길로 우리를 인도하고 싶어 하십니다. 이렇듯 하나님은 가장 완벽한 내 삶의 내비게이션입니다.

그러니 우리에게 필요한 것은 완벽하게 나를 아시는 하나님을 신뢰하는 일입니다. 나보다 나를 더 잘 아는 분에게 걸음을 맡길 때, 우리는 비로소 안심하며 앞으로 나아갈 수 있습니다.

지금껏 여러분도 자신의 방향을 스스로 결정하려 들지 않았나요? 수없이 많이, 내 느낌과 판단을 믿고 스스로의 힘으로 길을 개척하려고 했을 것입니다. 그러나 돌아보면 그것이 얼마나 힘겨운 일이었는지 모릅니다. 앞이 보이지 않는데도 모든 책임을 혼자 지고 가려 한다면, 삶은 쉽게 지쳐 버립니다.

성경은 분명히 말합니다. 하나님만이 우리의 길을 아신다고요. 내가 드러내지 않은 내 마음까지, 내 침실에서의 은밀한 순간까지, 내가 무심코 내뱉은 말과 그 말 속의 의도까지 아신다고 말입니다. 그리고 그분은 단순히 알고 계실 뿐 아니라, 자신의 자녀에게 가장 좋은 길을 예비하시고 자녀를 그 길로 이끌고 싶어 하십니다.

물론 내비게이션의 안내를 따라도 그 길이 정말 옳은 길인지 의심이 들 때가 있습니다. 그렇다고 내 마음이 이끄는 대로 가게 되면, 결국 잘못된 길로 들어서게 될 것입니다.

내 감정보다 하나님이 더 정확하시고, 내 판단보다 하나님이 더 옳으시다는 것을 인정할 때, 그래서 그분의 인도를 따라갈 때가 가장 안전합니다. 하나님이 준비하신 길은 우리가 상상하는 것보다 훨씬 아름답고, 선한 길이니까요.

세 번째 구간 :
나를 아는 존재를 의지하기

"얼굴이 안 좋아 보이는데,
무슨 일 있니?"

"아니에요, 엄마, 괜찮아요."

(속마음) 말하지 않았는데도 어떻게 눈치채셨지?

첫 번째와 두 번째 구간을 지나오면서 이런 질문이 생기는 분들이 있을 것입니다. "그럼, 왜 하나님이 나를 이렇게나 치밀하게 아시는 걸까?" "왜 내가 가는 곳마다, 모든 행동을 샅샅이 살피시는 걸까?

하나님이 나를 이토록 아시는 이유는 바로 '사랑' 때문입니다. 하나님이 우리를 이렇게까지 깊이 아시는 것은 단순히 그분의 능력을 과시하기 위함이 아닙니다. 그분이 우리를 사랑하시기 때문에 가능한 일입니다.

아기를 가장 잘 아는 이는 누구일까요? 전문적인 교육을 받은 보육교사도, 아기를 오랫동안 본 친척도 아닙니다. 바로 부모입니다. 부모는 아기의 울음소리만 들어도 "지금은 배가 고파서 우는구나, 졸려서 칭얼거리는구나" 하고 구분합니다. 아기가 무엇을 좋아하고, 어떤 순간에 힘들어하며, 무엇을 두려워하는지 부모는 본능적으로 알고 있습니다. 그 이유는 단 하나, '사랑' 때문입니다. 사랑이 깊으면 그 대상을 자세히 알게 됩니다.

일상에서 이런 경험을 자주 합니다. 오랜 친구나 배우자, 가족은 말 한마디 하지 않아도 눈빛만 보고도 내 마음을 알아차립니다. 내가 괜찮다고 말해도, 표정의 작은 떨림이나 목소리의 미묘한 변화를 금세 느끼고 "무슨 일 있었지?" 하고 묻습니다. 그 역시 사랑에서 비롯된 이해입니다.

이처럼 '하나님이 우리를 아신다'는 사실은 단순히 전능하신 분의 능력 과시가 아닙니다. 우리를 향한 깊고도 완전한 사랑의 표현입니다. 물론 하나님은 무한한 능력을 지니셨지만, 그보다 앞선 것은 사랑이라는 마음입니다. 그 마음이 우리에게 시선을 두게 한 것입니다. 그래서 그분의 아심은 두려움이 아니라 우리에게 가장 큰 위로이자, 의지가 됩니다.

나의 모든 것을 아는 존재가 나를 향한 사랑이 이토록 크신 분이라는 사실을 다윗도 고백하고 있습니다.

> 주께서 나의 앞뒤를 둘러싸시고 내게 안수하셨나이다 이 지식이 내게 너무 기이하니 높아서 내가 능히 미치지 못하나이다(시 139:5-6).

다윗은 하나님의 아심 앞에서 경이로움을 느꼈습니다. 단순히 마음의 중심만이 아니라, 자신의 모든 행동까지 아시는 주님을 깨달았을 때, 마치 공기처럼 자신의 사방을 감싸고 계신 하나님을 경험했습니다. 날마다 손을 얹어 돌보시는 것 같은 그 세밀한 돌봄에, 다윗은 감탄할 수밖에 없었습니다. "이 깨달음이 내게는 너무 놀랍고 너무 높아서, 내가 감히 측량할 수조차 없습니다."

신학자들은 이 부분을 '하나님의 전지(全知), 모든 것을 아시는 능력'에 대한 깨달음과 감탄으로 설명합니다. 하지만 저는 아니라고 생각합니다. 다윗의 감탄은 단순히 교리적인 깨달음에서 비롯된 것이 아닙니다. "하나님이 모든 것을 아신다"라는 사실은 성도라면 이미 누구나 알고 있는 진리입니다. 중요한 것은 그것이 마음을 뜨겁게 하느냐, 뜨겁게 하지 못하느냐 하는 점입니다.

다윗이 감격한 것은, 하나님이 단순히 우주 만물을 아신다는 사실보다는, 광대한 우주 속에 점처럼 작은 존재인 '나'를 아신다는 사실 때문이었습니다. 특별할 것도 없고, 대단할 것도 없는 아주 작은 자신을 하나님이 아신다는 것, 그것이 다윗을 감격하게 한 이유였습니다.

하나님이 나를 아신다고 해서 그분에게 어떤 이익이 되지 않습니다. 내가 해 드릴 무언가가 있지도 않습니다. 그럼에도 하나님은 나를 아시고, 사랑하십니다.

다윗이 시편 139편을 언제 썼는지에 대해서는 여러 추측이 있습니다. 사울에게 쫓기던 시절일 수도 있고, 아들 압살롬의 반역으로 도망치던 때일 수도 있습니다. 혹은 인생의 마지막에 남긴 고백일 수도 있습니다. 분명한 것은, 다윗이 고통과 두려움의 한가운데 있었다는 사실입니다.

그런 상황에서 다윗은 놀라운 경험을 했습니다. 하나님이 자신을 아신다는 사실을 깊이 깨달은 것입니다. 피난처 없는 광야에서조차, 하나님은 그의 걸음을 아셨고, 동굴 속 잠자리까지 아셨습니다. 다윗은 그 사랑 앞에서 눈물을 쏟을 수밖에 없었습니다. 하나님이 자신을 얼마나 사랑하시는지가 느껴졌기 때문입니다.

네 번째 구간 :
나도 그분에게는 VIP야!

"저 애는
성적도 1등, 얼굴도 1등,
항상 주목받더라."

"맞아, 우린 그냥
구석에 앉아 있는 조연이지 뭐."

(속마음) 혹시 하나님 앞에서도 나는 조연일까?

이제 세 구간을 지나 첫 번째 여정의 마지막 구간에 다다랐습니다. 그런데 이쯤 되니 한 가지 질문이 또 하고 싶어집니다.

"그건 다윗이니까 가능한 거 아니에요? 다윗은 이스라엘의 왕이었고, 예수님의 조상이기도 하잖아요. 하나님이 다윗을 아시는 건 당연한 일 아닌가요? 하지만 저는 달라요. 저는 너무 평범하고, 때로는 부족하기만 한데요. 하나님이 이런 저도 아실까요?"

이 질문은 지극히 자연스럽습니다. 우리 마음속에는 늘 이런 비교가 자리합니다. 학교 다닐 때 선생님이 공부 잘하는 몇몇 학생의 이름은 또렷하게 기억하면서, 나 같은 평범한 학생은 기억하지 못할 거라 생각했던 것과 비슷합니다. 다윗은 하나님 마음속에 각인된 VIP 같지만, 나는 그렇지 않을 거라고 느끼는 것이지요. 성경은 이에 대해 분명히 대답합니다. "하나님은 너도 아신다"고 말입니다.

사도 바울이 갈라디아 교회에 보낸 편지 속에는 이런 말씀이 있습니다.

> 이제는 너희가 하나님을 알 뿐 아니라 더욱이 하나님이 아신 바 되었거늘 어찌하여 다시 약하고 천박한 초등학문으로 돌아가서 다시 그들에게 종 노릇 하려 하느냐(갈 4:9).

갈라디아 교회 성도는 사도들이 전한 복음을 버리고 다시 율법으로 돌아가려는, 흔들리는 사람들이었습니다. 그들을 향해 바울은 애가 타는 심정으로 "너희가 어떻게 자유를 얻었는데, 그 자유를 버리고 이전으로 돌아가려 하느냐"고 말합니다. 너희가 하나님을 알고, 하나님도 너희를 아는데 어떻게 이전, 율법을 통해 구원받겠다는 상태로 돌아갈 수 있느냐는 것이지요.

하나님은 갈라디아 교회 성도를 사랑으로 알고 계셨습니다. 그들이 예수 그리스도를 믿고 영접했을 때, 그 사랑은 성령의 임재를 통해 실제가 되었습니다. 하나님의 영이 그들 안에 거하시자, 그분은 이제 멀리서 지켜보는 분이 아니라, 그들의 생각과 감정, 삶의 모든 결 속에 함께하는 분이 되셨습니다.

우리도 마찬가지입니다. 우리가 예수님을 영접했을 때, 성령께서 우리 안에 거하시고, 지금까지 떠나지 않으셨습니다. 내 안에 계신 성령께서는 나를 누구보다 잘 아셔서 우리가 "하나님이 아신 바" 된 자들이 된 것입니다. 하나님이 다윗을 아신 것처럼, 아니 그보다 더 친밀하게 우리를 아십니다.

구약에서는 성령님이 떠나시는 순간이 있었지만, 신약을 살아가는 우리에게는 결코 그런 일이 일어나지 않습니다. 성령님은 영원히 우리 안에 거하시며, 우리의 모든 것을 알고 계십니다. 주님은 지금 이 순간에도 우리에게 이렇게 말씀하십니다. "나는 네 모든 것을 다 안다. 네 행동, 네 생각, 네 깊은 속마음까지 안다. 내가 너를 아는 이유는 너를 사랑하기 때문이란다."

그 사랑은 추상적인 말이 아니라, 예수 그리스도의 십자가로 증명된 사랑입니다. 그분은 나를 아시는 데서 멈추지 않고, 내 이야기에 들어오시는 분입니다. 상처의 자리에도, 부끄러움의 기억에도, 그분의 사랑이 스며들어 나를 다시 일으킵니다.

그렇다면 우리의 반응은 무엇이어야 할까요? 그것은 다윗처럼 찬양하는 것입니다. 나의 연약함과 실수까지 아시는 하나님이 여전히 나를 사랑하시고, 내 인생을 가장 좋은 길로 인도하신다는 사실 앞에서, 우리는 안심할 수 있습니다.

가끔 우리는 하루를 완전히 망치기도 합니다. 실수한 일, 다투고 돌아선 관계, 스스로도 부끄러운 말 한마디. 그날 밤, 그런 자신이 너무 싫어서 기도조차 하기 어렵습니다. 그런데도 하나님은 조용히 다가와 말씀하십니다. "괜찮다, 나는 네가 어떤 날에도 너를 사랑한다."

하나님은 우리의 망가진 날, 흔들린 마음, 부끄러운 실수를 아시면서도 그 모든 순간까지 품으십니다. 그러니 다윗처럼 찬양하십시오. 나를 다 아시면서도 포기하지 않으시는 하나님을 향해서 말입니다.

첫 번째 여정의 마무리

우리는 잘 지내다가도 종종 자신을 이해하지 못하고 혼란스러워합니다. 왜 이렇게 불안한지, 왜 쉽게 흔들리는지, 내가 어디로 가야 할지 알지 못할 때가 많습니다. 그러나 결코 인간은 자신을 알 수 없습니다. 그러나 하나님은 나를 아십니다. 겉모습뿐 아니라 내면 깊숙한 곳까지, 과거의 아픔과 현재의 고민, 그리고 내가 알지 못하는 미래까지도 하나님은 완벽히 알고 계십니다. 그래서 하나님 앞에서는 억지로 강한 척하지 않아도 됩니다. 나를 다 아시고도 여전히 나를 사랑하는 분이기 때문입니다.

삶의 길이 어둡게 느껴질 때가 있습니다. 아무리 애써도 구름이 걷히지 않고, 시간은 묵묵히 흘러만 갑니다. 그럴 때면 이런 노래 가사가 마음을 울립니다.

어둠을 헤치는 세월은 말없이 흘러만 가는데
지나간 시간이 서러워 한없이 눈물만 흐르네.

그러던 어느 날 사랑을 만났네.

누구도 느낄 수 없는

내 아픔 아시는 당신께 내 모든 사랑드려요.

이 눈물 보시는 당신에게 내 마음드려요.

어느덧 구름은 걷히고 따스한 햇살이 내게로,

젖었던 내 마음 마르고 파아란 하늘이 감싸 오네.

이제는 나는 사랑을 배웠네.

누구도 느낄 수 없는

내 아픔 아시는 당신께 내 모든 사랑드려요.

_조하문 〈내 아픔 아시는 당신께〉

이 노래 가사는 마치 시편 139편의 고백과도 닮아 있습니다. 어둠 속에서 헤매던 영혼이 마침내 '사랑'을 만나는 이야기. 그 사랑은 나의 아픔을 아시고, 눈물을 보시며, 내 안의 가장 깊은 자리까지 품어 주시는 사랑입니다. 그래서 우리는 이 노래 가사처럼 고백하게 됩니다. "내 아픔을 아시는 분, 내 눈물을 보시는 그분에게 내 마음을 드립니다."

우리는 내가 누구인지 온전히 모릅니다. 어쩌면 진짜 나를 마주한다면, 나조차 나를 외면하고 싶을지도 모릅니다. 그래서 우리는 하나님 안에서 우리 자신을 다시 발견해야 합니다. 하나님만이 우리 마음을 끝까지 이해하시기 때문입니다.

우리는 끊임없이 묻습니다. "나는 누구인가?" 앞서 이 질문은 세대를 넘어 모든 인간이 품고 사는 물음이라고 했습니다. 그러나 혼자서는 그 답을 찾을 수 없습니다. 그러다 보면 결국 우리는 가면을 쓰고, 비교 속에 흔들리며, 진짜 자신을 잃어버립니다.

시편 139편이 들려주는 첫 번째 진리는 이것입니다. "진짜 나를 발견하는 길은, 나를 다 아시는 하나님 안에 있다." 이 사실을 받아들이는 순간, 우리는 가면을 벗을지 말지 더 이상 고민하지 않고, 벗고 나서도 방황하지 않습니다. 사랑을 배운 사람으로, 빛 앞에 선 사람으로, 비로소 '진짜 나'로 살아가기 시작합니다.

한숨 고르고, 나에게

나는 지금

어떤 가면을 쓰고 있을까?

그리고 하나님 앞에서는

그 가면을

벗을 용기가 있을까?

2
두 번째 여정

"숨바꼭질은 끝났다"

함께하시는 하나님,
가장 안전한 품

시편 139편 7-12절

여러분,

도대체 제가 어디로 가면

그분의 시선을 피할 수 있겠습니까?

도망쳐 보아도 소용이 없었습니다.

하늘 끝까지 올라가도 그곳에 계셨고,

땅속 깊은 곳으로 내려가도 이미 그곳에 계셨습니다.

동쪽 끝으로 달려가도,

바다 건너 서쪽 끝으로 숨어도

그 손길이 여전히 저를 붙잡았습니다.

결국 그분은 저를 놓지 않으셨습니다.

한때는 이런 생각도 했습니다.

'어둠이 나를 덮어 주겠지.

아무도 나를 보지 못하겠지.'

그러나 그 시선 앞에서는

어둠조차 저를 가려 주지 못했습니다.

밤도 낮처럼 밝았고,

그림자조차 빛에 드러났습니다.

_From. 다윗

첫 번째 여정에서 우리는 "하나님이 나를 아신다"라는 고백을 따라 걸었습니다. 무엇보다 놀라운 것은, 그렇게 나를 다 아시면서도 여전히 사랑하신다는 사실이었습니다. 그 깨달음은 진짜 나를 찾아가는 긴장된 여행길에서 만난 첫 번째 쉼터 같았습니다. '아, 나는 있는 그대로 사랑받는 존재구나.'

그런데 여정은 거기서 끝나지 않습니다. 하나님이 나를 아신다는 사실은 깊은 위로가 되지만, 동시에 두려움이 되기도 합니다. 내가 실패한 모습, 하나님 앞에서조차 부끄러운 죄의 흔적, 가면을 벗어 버린 채 드러난 초라한 나의 모습까지도 주님이 다 아신다고 생각하면 어디론가 숨고 싶어집니다.

그 시선 앞에 선다는 것이 버겁게 느껴질 때, 우리는 본능처럼 이렇게 속삭입니다. "어디로 숨어야 할까? 어디로 가면 이 시선을 피할 수 있을까?" 사실 이 마음은 너무나 인간적입니다. 누군가 나를 완전히 들여다본다는 건, 아무리 사랑하는 사람이라도 쉽지 않습니다. 하나님 앞에서도, 그분이 내 안의 부끄러움, 분노, 질투, 두려움까지

다 아신다고 생각하면 왠지 도망치고 싶어집니다.

그리고 현대 사회는 그 도망의 기술을 점점 더 세련되게 만들어 줍니다. 우리는 SNS에서 '괜찮은 나'를 연출하고, 회사에서는 '능력 있는 나'를 내세우며, 가정에서는 '문제없는 나'를 유지하려 애씁니다. 하지만 그렇게 완벽한 자아로 꾸밀수록, 진짜 나를 숨길수록 마음 한구석은 더 공허해집니다. 결국 우리는 다시 묻게 됩니다. "정말 어디까지 숨을 수 있을까?"

이것이 두 번째 여정이 시작되는 자리입니다. 사람들 앞에서뿐 아니라, 하나님 앞에서도 도망치고 싶은 마음. 그러나 도망치려 해도 끝내 피할 수 없는 하나님, 어디에나 계시는 하나님을 만나야 합니다.

두 번째 여정에서는 시편 139편 7-12절을 따라 세 구간을 통과하며 걸어가려 합니다. 그 길을 지나며 우리는 '진짜 나'의 모습에 더 가까워지게 될 것입니다.

첫 번째 구간 :
어디까지 숨을 수 있을까

"갑자기 왜 사진을 다 지웠어?"

"아, 그냥 이제 누구에게도 나를 보이고 싶지 않아서."

(속마음) 전혀 행복하지 않은데, 행복한 척 웃는 일에
지쳐 버렸다.
그저 숨고만 싶다.

우리는 누구나 숨고 싶을 때가 있습니다. 실패했을 때, 관계가 무너졌을 때, 내 안의 부끄러움이 너무 커서 마주하고 싶지 않을 때 말입니다. 연락을 끊고 잠수 타고 싶고, 어디론가 멀리 떠나 버리고 싶은 충동이 일어납니다. 다윗도 그랬습니다. 다윗은 누구보다도 하나님을 떠나고, 피하고 싶었습니다. 그가 처한 현실 때문이었지요.

내가 주의 영을 떠나 어디로 가며 주의 앞에서 어디로 피하리이까(시 139:7).

다윗은 아들 압살롬의 반란으로 쫓겨 다니고 있었습니다. 나를 닮은, 사랑하는 내 아들의 칼끝이 자신을 겨누고, 왕좌에서 쫓겨나 광야에 숨어 사는 신세가 된 것입니다. 이 상황이 도무지 이해되지도, 믿기지도 않았습니다. 사울에게 쫓기던 시절보다 더 깊은 절망이었습니다. 이런 현실 앞에서 다윗은 힘을 잃고 싸울 의욕조차 사라졌습니다.

그런데 다윗은 압살롬보다 더 무거운 원인을 보았습

니다. 바로 자기 자신에게 있던 죄였습니다. 한참이나 지난 사건이지만, 과거에 그는 자신의 충성된 부하인 우리아의 아내 밧세바와 간음하고, 자신의 죄를 감추기 위해 우리아를 전쟁터에서 죽게 만들었습니다. 그 죄로 인해 나단 선지자가 선포했던 심판의 말씀이 떠올랐습니다.

> 이제 네가 나를 업신여기고 헷 사람 우리아의 아내를 빼앗아 네 아내로 삼았은즉 칼이 네 집에서 영원토록 떠나지 아니하리라 하셨고(삼하 12:10).

이것이 현실이 되었습니다. 지금 자신이 마주해야 하는 대상은 압살롬이 아니라 하나님이라는 것을 알았지만, 그분 앞에 서는 것이 너무나도 부끄럽고 두려웠습니다. 그래서 더 멀리 도망치고 싶었습니다.

그러나 동시에 그는 알고 있었습니다. 하나님은 어디에나 계신다는 사실을 말입니다. 마음은 숨고 싶었지만, 머리는 피할 수 없음을 알았습니다.

> 내가 하늘에 올라갈지라도 거기 계시며 스올에 내 자리를 펼지라도 거기 계시니이다 내가 새벽 날개를 치며 바다 끝에 가서 거주할지라도 거기서도 주의 손이 나를 인도하시며 주의 오른손이 나를 붙드시리이다 (시 139:8-10).

지도 앱을 켜 보면 내가 어디로 가든 파란 점이 따라옵니다. 어떤 건물에 숨더라도 위치가 그대로 찍혀 있지요. 다윗이 느낀 것도 이와 비슷했습니다. 하늘 끝까지 올라가도, 절망의 구덩이 같은 스올로 내려가도, 새벽 날개를 타고 바다 끝으로 날아가도, 이미 하나님이 거기에 계셨습니다. 높은 곳, 낮은 곳, 먼 곳, 그 어디에도 피할 길은 없었습니다.

여기에서 저는 여러분에게 질문 하나를 하고 싶습니다. "당신은 하나님을 결코 피할 수 없습니다!"라는 선언을 들으면 어떤 느낌이 드나요? '와, 하나님과 늘 함께할 수 있으니 정말 좋다, 든든하다!' 물론 이런 분도 있을 것입니다. 하지만 누군가에게는 두려움일 수 있습니다. 부끄러운 모습까지 들킬까 봐, 감추고 싶던 속마음까지 낱낱이 드러날까 봐 겁이 날 수도 있습니다. 죄 많은 인간이라면 후자의 감정이 드는 것은 당연한 일일 것입니다.

다윗도 처음에는 그 사실이 두려웠습니다. 압살롬에게 쫓기던 다윗이 생각했던 하나님은, 내 삶의 죄를 아서서 그 죄를 드러나게 하시고 부끄럽게 하시며 그것으로 나를 심판하고 벌주시는 무서운 하나님이었습니다. 그래서 하나님이 두려웠고, 그 하나님을 만나는 것은 죽기보다 싫었습니다. 가능하면 어떻게든 하나님을 만나지 않고 이 상황을 모면하고 싶었습니다. 자신을 향해 다가오는 하나님의 손이 심판의 손 같았으니까요. "이제 저 손에 두들겨 맞겠구나."

하지만 막상 다가온 손은 뜻밖에도 붙드시는 손이었습니다. 길을 잃은 양을 붙잡아 안아 주고, 위험한 곳에서 건져 내어 안전한 풀밭으로 인도하는 목자의 손이었습니다. 목동이었던 다윗은 누구보다 잘 알았습니다. 잃은 양을 찾았을 때, 목자의 마음은 혼내려는 것이 아니라, 양이 살아 있다는 사실 하나만으로 기뻐한다는 것을요.

양이 길을 잃는 건 목자의 잘못이 아닙니다. 대부분은 제 고집대로 가다가 무리를 벗어나 결국 길을 잃는 것입니다. 그렇게 홀로 남은 양은 곧 두려움에 사로잡힙니다. 스스로의 힘으로는 이 거친 환경에서 살아남을 수 없다는 사실을 본능적으로 알기 때문입니다.

우리 삶에도 이와 비슷한 순간이 있습니다. 자녀가 운전면허를 막 땄을 때 부모님의 차를 몰래 끌고 나갔다가 긁어 버린 일을 종종 듣습니다. 자녀 입장에서는 부모님에게 들키면 크게 혼날 것이 뻔하니, 차라리 집에 들어가고 싶지 않습니다. 그러나 사고가 난 그 순간, 가장 먼저 떠오르는 사람 역시 부모님입니다. 꾸중이 두렵지만, 결국 도움을 줄 수 있는 존재도 부모님뿐입니다.

그런데 막상 그 사실을 알게 된 부모의 마음은 어떨까요? "차는 망가져도 괜찮아. 너는 안 다쳤니?" 부모의 관심은 망가진 차보다 자식의 안전에 있습니다. 야단보다 앞서는 건 안도의 한숨입니다. 아이가 무사하다는 사실과 큰 사고로 이어지지 않았다는 사실이 무엇보다 중요합니다.

목자도 잃어버린 양을 찾았을 때 기쁨이 책망보다 먼저입니다. 살아 있다는 사실 하나만으로, 다시 안을 수 있다는 사실 하나만으로 마음이 벅차오릅니다. 그래서 손을 내밀어 붙잡습니다. 위험에서 건져 내고, 다시 길을 걸을 수 있도록 이끄는 손. 그것이 목자의 손입니다.

다윗이 경험한 주님의 손도 그러했습니다. 그는 죄인이었지만 버려지지 않았습니다. 실패한 아버지였지만 여전히 하나님 손에 붙들려 있었습니다. 쫓겨난 왕이었지만, 여전히 하나님은 그의 왕이셨습니다.

우리도 그럴 때가 있습니다. 죄책감 때문에, 실패 때문에, 스스로 너무 초라하게 느껴져 하나님조차 피하고 싶을 때가 있습니다. 그런데 바다 끝까지 도망간다고 하나님을 피할 수 있을까요? 저 땅의 구덩이, 저 깊은 바닷속으로 내려가 본들 하나님의 눈을 피할 수 있을까요? 아무리 멀리 도망쳐도, 하나님은 끝내 우리를 찾아오십니다. 하나님이 계시지 않는 곳은 온 우주 어디에도 없습니다. 그분의 손은 우리를 벌하시려는 손이 아닙니다. 살리시려는 손입니다. 우리의 어둠 속에까지 들어와 붙드시는 손, 다시 안전한 길로 이끄시는 손입니다.

    지금 혹시 도망치고 싶은 마음에 휩싸여 있나요? 과거의 잘못이 떠오르거나 확신에 찬 행동과 생각이 결국 아니었다는 사실을 안 순간, 우리는 본능처럼 도망치고 싶어집니다. 멈추어 서 보십시오. 끝까지 나를 추격하여 찾아오신 주님의 손을 잡아 보십시오. 그 손은 심판이 아니라 사랑으로 우리를 이끄실 것입니다.

두 번째 구간 :
어둠 속에 찾아든 빛

"합격자 발표 났다며?
이번에는 됐지?"

"……아니. 또 떨어졌어."

(속마음) 또 같은 말 하게 될 줄이야.
그냥 아무한테도 날 보이고 싶지 않아.

첫 번째 구간을 지나며 우리는 알게 되었습니다. 아무리 도망쳐도 하나님에게서는 숨을 수 없다는 것을 말입니다. 그리고 내가 나를 감춘다고 해서, 진짜 내가 감춰지는 것도 아닙니다. 그럼에도 이상하게 마음 한구석에는 여전히 숨고 싶은 마음이 남아 있습니다. 빛이 다가올수록 내 안의 그림자가 선명해지기 때문입니다.

이제 여정은 또 다른 길목으로 이어집니다. 밝은 햇살이 갑자기 구름에 가려지듯, 눈앞에 어둠이 밀려드는 구간입니다. 이럴 때 마음은 속삭입니다. "차라리 이 어둠 속에 숨어 버리자. 그러면 조금은 편해지지 않을까." 그러나 바로 그 순간, 우리가 예상하지 못한 한 줄기 빛이 찾아옵니다. 어둠을 뚫고 스며드는 빛, 도망치는 길 위에서 맞닥뜨리게 되는 새로운 경험입니다. 다윗도 그 길을 지나고 있었습니다. 그는 이렇게 고백했습니다.

> 흑암이 반드시 나를 덮고, 나를 두른 빛은 밤이 되리라(시 139:11).

그는 모든 것이 무너지는 현실 앞에서, 차라리 어둠 속으로 숨어 버리고 싶었습니다. 아무도 자신을 보지 못하도록, 흑암이 그를 덮어 세상 그 누구도 볼 수 없는 곳에 혼자 남아 있기를 원했습니다. 그는 자신이 마주해야 하는 현실이 너무나 두려웠으니까요.

우리도 그 마음을 압니다. 오랫동안 애써 왔던 일을 실패했을 때, 사람들의 차가운 평가가 두려워 어둠 속에 숨어 버리고 싶습니다. 잘못이 너무 무겁게 느껴질 때, 죄책감이 우리를 짓누를 때, '그냥 이 모든 빛이 사라졌으면 좋겠다'는 생각이 찾아옵니다. 그렇게 자포자기 단계에 이르는 것이지요.

어떤 이들은 이렇게까지 말합니다. "매일 밤, 아침이 오지 않기를 기도합니다", "봄이 오지 않았으면 좋겠습니다"······. 절망이 깊어지면, 새로운 하루와 새로운 계절마저 두려운 것입니다. 더 밝아지는 빛이 오히려 내 상처와 부끄러움을 드러내는 것 같습니다. 그래서 내 존재를 지워 버리고 싶은 것입니다. 완전히 어둠 속에 있어서 아무도 내가 여기 이렇게 있다는 것을 몰랐으면 좋겠다는 마음 상태인 것입니다.

오늘도 수많은 이들이 이 절망 가운데 있습니다. 사회 속에서 함께 살아가는 것이 너무 힘들어 고립을 선택하는 이들. 주변의 따가운 시선을 피하고 싶어 숨어 버리는 이들. 한국의 자살률은 OECD국가 중 가장 높습니다. 믿음을 고백했던 사람들조차 삶의 무게에 짓눌려 스스로 생을 마감하기도 합니다. 하루하루가 버겁다고, 차라리 이 삶이 빨리 끝났으면 좋겠다고 생각하는 이들이 너무 많습니다. 어쩌면 지금 이 글을 읽는 여러분 중에도 그런 마음을 품은 이가 있을지도 모릅니다.

다윗도 도망치는 길 위에서 이렇게 생각했을지 모릅니다. '이 어둠 속에 숨어 버리면, 모든 고통과 죄책감에서 벗어날 수 있지 않을까?' 하지만 그는 그 자리에서 또 다른 진실과 마주했습니다.

> 주에게서는 흑암이 숨기지 못하며, 밤이 낮과 같이 비추이나니 주에게는 흑암과 빛이 같음이니이다(시 139:12).

다윗은 아무리 깊은 어둠 속에 숨어도, 그 어둠이 하나님의 빛을 막을 수는 없다는 것을 깨달았습니다. 절망도, 죄책감도, 감추고 싶은 모든 순간도 하나님의 빛 앞에서는 가려지지 않습니다.

처음에는 이 사실이 두렵게 느껴집니다. 숨기고 싶었던 것이 드러나니까요. 하지만 곰곰이 생각해 보면, 드러남을 통해서만 진짜 치유가 시작됩니다.

병원에서 의사가 진료할 때를 떠올려 보십시오. 의사가 "입을 벌려 보세요" 하면 입을 벌려야 합니다. "배를 보여 주세요" 하면 배를 드러내어 보여 주어야 합니다. 의사가 이런저런 검사를 다 한 후에, 칼로 내 배를 열어 그 속을 봐야 한다고 말한다면, 우리는 기꺼이 의사의 손에 몸을 맡겨야 합니다. 왜일까요? 낫고 싶기 때문입니다. 그리고 의사에게 고칠 능력이 있다는 것을 믿기 때문입니다.

하나님의 빛도 그렇습니다. 그 빛은 우리 상처를 드러내지만 동시에 치유합니다. 우리 죄를 드러내지만 동시에 용서합니다. 우리가 외면하던 현실을 직면하게 하지만 동시에 다시 일어날 힘을 줍니다.

다윗은 이 진실을 알았습니다. 그래서 절망과 좌절의 터널 한가운데서도 믿음의 고백을 드릴 수 있었습니다. 죄를 비추는 빛 앞에서, 회복을 주시는 빛을 바라본 것입니다. 우리도 숨기려 할수록 절망은 깊어지지만 하나님의 빛 앞에 나아가면 용기를 얻습니다. 감추고 싶었던 것을 내놓을 때, 오히려 자유와 평안을 누릴 수 있습니다.

결국 다윗은 가장 큰 절망 속에서 소망의 노래를 부르게 되었습니다. 우리도 그럴 수 있습니다. 어둠을 밀어내는 빛, 우리를 새롭게 세우는 빛 앞에 서면, 우리 역시 소망의 노래를 부를 수 있습니다.

어쩌면 지금은 어둠이 전부인 것처럼 느껴질지 모릅니다. 하지만 그 어둠 한가운데서도 빛은 여전히 우리를 향해 있습니다. 그 빛이 닿는 자리에서 다시 노래가 시작됩니다.

우리에게는 그 한 걸음의 빛만 있으면 충분합니다. 오늘 우리가 할 일은 그 빛을 따라 조심스레 한 걸음을 더 내딛는 것뿐입니다. 그러다 보면, 언젠가 어둠이 걷히고 새로운 아침이 우리를 맞이할 것입니다.

하지만 여정은 아직 끝나지 않았습니다. 앞을 비추는 빛 앞에서 용기를 얻었지만, 이제는 또 다른 질문이 고개를 듭니다. "그래서 이제 어디로 가야 하지? 앞으로 나는 어떻게 살아야 하지?"

숨었던 자리에서 멈추는 것이 아니라, 이제는 그분에게 붙들려 걷는 자리로 나아가야 합니다. 도망이 아닌 인도하심, 불안이 아닌 안전으로의 여정. 그것이 세 번째 구간에서 우리를 기다리고 있습니다.

세 번째 구간 :
안전한 품에서 발견되는 나

"너 어디 있었어?
얼마나 걱정했는지 알아?"

"내 모습이 너무 초라해서
도망치고 싶었어."

(속마음) 세상이 버거워 방황했지만,
결국 돌아온 품은 여전히 따뜻하구나.

이제 '진짜 나'를 찾아가는 두 번째 여정은 마지막 구간을 향해 한 걸음 더 나아갑니다. 도망을 멈추고, 빛 앞에 서서 하나님의 품에 안기는 자리입니다. 바로 이 자리에서 우리는 '진짜 나'를 만나게 됩니다. 진짜 나를 찾아간다는 것은, 더 이상 숨지 않고, 빛이신 하나님 앞에 서며, 하나님이 붙드시는 손 안에서 나를 새롭게 발견하는 일입니다.

다윗도 같은 길을 걸었습니다. 그는 고난과 절망의 순간에 하나님이 어디에나 계신다는 사실을 고백했습니다. 아들 압살롬의 반란으로 왕좌를 잃고 광야로 쫓겨 다니며, 그는 하나님마저 자신을 버리신 게 아닐까 두려워했습니다. 그러나 '도망의 길 위'에서 그는 깨달았습니다. 어디로 가든 하나님은 여전히 자신과 함께하시며, 떠나지 않으신다는 것을요. 그분은 자신을 감시하거나 벌하기 위해 계신 분이 아니라, 넘어지고 상처받은 자신을 붙드시고 인도하는 분이었습니다.

여기서 중요한 것은, 다윗이 하나님을 피할 수 없다는 사실을 두려움이 아니라 위로로 받아들였다는 점입니다.

'진짜 나'를 찾는 길은 바로 여기에서 절정을 맞이합니다. 피하고 싶은 나, 부끄러운 나를 직면했을 때, 하나님이 떠나지 않으신다는 사실은 오히려 나를 지탱하는 힘이 됩니다.

앞서 말했다시피 오늘날 많은 사람들이 자기 자신을 찾고 싶어 합니다. 그래서 심리테스트, MBTI, 상담, 자기계발서 같은 여러 방법을 동원합니다. 이런 도구들은 분명 도움이 됩니다. 나를 이해할 단서를 주기도 하지요. 하지만 문제는, 그 도구들이 말해 주는 '나'가 흔들릴 수 있다는 것입니다. 상황이 바뀌면 성격도 바뀌고, 환경이 달라지면 내가 보여 주는 모습도 달라집니다. 그래서 "나는 이런 사람이다" 하고 붙잡았던 정의조차 시간이 지나면 무너져 버리곤 합니다.

그래서 '진짜 나'를 찾는 것은 단순히 '자기 이해'를 넘어서는 문제입니다. 변하는 환경, 흔들리는 마음에도 무너지지 않는, 더 깊은 차원의 '나'를 발견해야 하는 것입니다. 그것은 바로 성경이 말하는 '진짜 나'입니다. 나의 가치와 정체성이 내가 만든 성취나 남들의 평가에 있지 않고, "하나님이 나를 아신다, 그리고 사랑하신다"는 그 사실 위에 흔들리지 않는 자아가 세워집니다.

이것은 다윗만의 신앙 고백이 아니라, 우리의 신앙 고백이 되어야 합니다. 또한 성경이 오늘 우리에게 주는 초대로 받아들여야 합니다. 우리도 때로는 하나님을 피하고 싶습니다. 실패와 죄책감이 우리를 짓누를 때, 하나님의 시선조차 감당하기 어려울 때가 있습니다. 그러나 하나님은 도망친 우리를 찾아오는 분입니다. 그리고 그 어둠 속에서 빛을 비추는 분입니다.

그 빛은 정죄의 빛이 아닙니다. 우리를 부끄럽게 하거나 더 상처 주기 위한 빛이 아닙니다. 상처를 드러내고 치유하는 빛, 죄를 보여 주고 용서하는 빛입니다. 바로 그 순간, 우리는 가장 두껍게 쓰고 있던 가면을 벗을 수 있습니다. '진짜 나'를 찾는 여정에서 이보다 결정적인 순간은 없습니다. 있는 그대로의 나를, 빛 앞에서 다시 발견하는 일 말입니다.

사실 사람들 모두 "있는 그대로의 나"를 찾고 그 모습을 인정받고 싶어 합니다. 하지만 그 길을 찾다가 오히려 지쳐 버리는 경우가 많습니다. 세상은 끊임없이 이렇게 말합니다. "더 나은 성취를 이루어야 진짜 네가 될 수 있어." "사람들에게 인정받아야 너는 가치 있어." 그래서 더 노력하고, 더 경쟁하지만, 결국 '진짜 나'와는 더 멀어지곤 합니다.

그런데 성경에서 말하는 길은 정반대입니다. "너는 이미 사랑받는 존재야. 하나님은 네가 실패했을 때도, 무너졌을 때도 떠나지 않으셔." 이 진리 안에서 비로소 우리는 '진짜 나'를 찾습니다. 더 꾸미거나 증명할 필요가 없습니다. 나의 가치는 내가 만든 것이 아니라, 하나님이 나를 붙드신다는 사실에 뿌리를 내리고 있기 때문입니다.

그래서 다윗의 고백은 곧 우리의 고백입니다. "저는 어디로 가든 하나님이 저와 함께하심을 믿습니다. 더 이상 숨지 않겠습니다. 당신의 빛 가운데 제 자신을 드러내겠습니다." 이것이 '진짜 나'를 향해 가는 걸음입니다.

신약을 사는 우리는 다윗의 시대와 비교할 수 없을만큼 좋은 시대를 살고 있습니다. 다윗은 어렴풋하게 알던 하나님을 붙잡았습니다. 그는 눈에 보이지 않는 사랑을 감각으로 느끼며 노래했습니다. 하지만 우리는 그 사랑을 더 깊이, 더 생생하게 경험할 수 있습니다. 보이지 않는 하나님의 마음이 눈에 보이는 사람의 얼굴로 나타났기 때문입니다. 예수님을 통해 우리는 그분의 눈빛을 보았고, 그 손의 온기를 느꼈습니다. 우리 가운데 인간으로 오신 하나님의 아들을 통해 더 이상 하나님은 멀리 계신 하나님이 아니라 내 곁에 계신 하나님이 되셨습니다.

이 사실이 왜 중요할까요? '진짜 나'를 찾는 길은 언제나 두려움과 부끄러움이 만드는 어둠을 지나가기 때문입니다. 그 길에서 우리는 자꾸 숨을 곳을 찾습니다. 그러나 성령께서 우리 안에 계시기에, 더 이상 도망칠 필요도, 도망칠 수도 없습니다. 두렵더라도 그 빛 앞에 선다면, 우리는 있는 그대로의 나를 발견할 수 있고, 동시에 하나님의 사랑을 받는 존재라는 정체성을 확인할 수 있습니다.

'진짜 나'는 '내가 스스로 만들어 낸 이미지'가 아니라, '끝까지 떠나지 않으시는 하나님 품 안에서 발견되는 나'입니다. 그래서 우리는 안전합니다. 완전하신 하나님의 손이 나를 붙들고 계시니까요.

두 번째 여정의 마무리

　살다 보면 누구나 갑작스레 길이 끊기고 안개가 드리우는 듯한 순간을 만납니다. 길이 보이지 않고, 앞을 향해 한 발 내딛는 것도 두려울 때가 있습니다. 실패와 죄책감, 사람들의 차가운 시선이 한꺼번에 몰려올 때, 우리는 본능처럼 숨고 싶어집니다. 아무도 나를 보지 못하는 어둠 속으로 사라지고 싶습니다.

　그러나 시편 139편이 들려주는 두 번째 진리는 분명합니다. 아무리 깊은 어둠도 하나님의 빛을 가릴 수는 없다는 것입니다. 내가 흑암 속에 숨어도, 그 빛은 이미 그곳에 와 있습니다. 그 빛은 정죄의 빛이 아니라 치유의 빛, 부끄러움을 더 크게 드러내기 위한 빛이 아니라 회복을 위한 빛입니다. 드러남이 곧 치유로 이어지고, 드러남이 오히려 자유로 나아가는 시작이 된다는 사실을 우리는 그 빛 앞에서 배우게 됩니다.

　이 지점에서 우리는 중요한 사실을 깨닫습니다. '진짜

나'는 어둠 속에서 발견되지 않습니다. 감추고 숨기고 포장하는 순간, 우리는 오히려 자기 자신을 더 잃어버리게 됩니다. 반대로 빛 앞에 서는 순간, 있는 그대로의 내가 드러나고, 동시에 '그럼에도 사랑받는 나'라는 '진짜 나'를 발견하게 됩니다. '진짜 나'를 향한 길을 걷기 위해서는 하나님의 빛 앞에 서는 용기가 반드시 필요합니다. 오늘 용기를 내어 그 빛 앞으로 나오시기 바랍니다.

한숨 고르고, 나에게

나는 지금

무엇으로부터 숨고 있을까?

빛 앞에 서는 것이 두려워,

여전히 어둠 속에

숨어 있지는 않은가?

3
세 번째 여정

"가치는 변하지 않는다"

나를 지으신 하나님,
나는 완벽한 작품

시편 139편 13-18절

여러분,

저는 알게 되었습니다.

제가 우연히 태어난 존재가 아니라는 것을요.

아무도 모르는 은밀한 곳에서,

제 뼈와 장기 하나하나가

정성스럽게 빚어지고 있었습니다.

제가 세상 빛을 보기도 전에

제 모든 날이 이미 기록되어 있었습니다.

저는 아직 아무것도 해 보지 못했는데,

이미 하나의 작품으로 존재하고 있었던 겁니다.

이 사실을 떠올리면 소름이 돋습니다.

'너무 놀랍다! 감히 다 헤아릴 수 없다!'

이런 고백이 저절로 나옵니다.

그분의 생각은 모래알처럼 많고,

끝없이 이어집니다.

아무리 세어 보려 해도 다 셀 수가 없습니다.

잠에서 깨어나도 여전히,

저는 그분의 손 안에 있었습니다.

_From. 다윗

이제 '진짜 나'를 찾아가는 세 번째 여정을 시작합니다. 지금까지 걸어온 길을 돌아보면, 가면을 벗고, 빛 앞에 선 시간들이었습니다. 그 길 위에서 우리는 조금씩 '진짜 나'를 찾아가기 시작했지요. 하지만 여전히 마음 한구석에는 공허함이 남아 있습니다. 빛을 만났지만 여전히 흔들리고, 사랑받고 있지만 여전히 나의 가치를 묻게 됩니다.

세상은 끊임없이 답을 제시합니다. "너라는 존재 가치는 네가 가진 것, 네가 이룬 성취, 네가 어떻게 보이느냐에 달려 있다"고 말하지요. 그래서 우리는 자연스럽게 외모와 성취, 관계와 명예에 매달립니다. 좋아 보이는 직업, 남들의 부러움을 사는 스펙, 혹은 SNS 속 '좋아요' 숫자까지 우리의 가치를 결정하는 기준이 되어 버립니다.

하지만 이런 가치는 금세 무너집니다. 젊음은 오래가지 않고, 거울 속 얼굴은 매일 조금씩 변해 갑니다. 예전에는 사진을 찍을 때 자신 있던 표정이 이제는 어색해지고, 예전 옷이 더 이상 잘 어울리지 않을 때, 우리는 마음 한쪽이 무너집니다. 세상은 여전히 '젊음'과 '멋짐'을 가치의 기준으로 삼고, 조금만 변해도 "예전 같지 않다"는 말을 서슴없이 내뱉습니다. 이처럼 세상의 기준 위에 세운 자아는 모래성처럼 쉽게 무너질 수밖에 없고, 우리를 실망시킵니다. 그렇다면 우리는 어디에서 우리의 참된 가치를 찾아야 할까요?

세 번째 여정은 이 질문을 품고 걸어가는 길입니다. 남들이 정해 준 기준도, 내가 만들어 낸 역할도 아닌, '나답다'는 감각이 깃든 자리로 천천히 걸어가는 길입니다. 어쩌면 우리는 늘 남이 만들어 준 무대 위에서 연기하듯 살아왔는지도 모릅니다. 누군가의 기대에 맞추느라 진짜 나의 목소리를 잃어버리고, 세상의 시선 속에서 스스로의 가치를 가늠하곤 하지요. 하지만 이제 그 무대 뒤로 한 걸음 물러서서, 하나님이 바라보시는 시선 안에서 나를 다시 만나려 합니다.

이제, 세 구간을 지나며 그분의 시선이 머무는 곳에서 '진짜 나'에 심긴 참된 가치를 이야기해 보려 합니다.

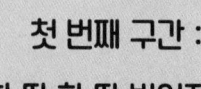

첫 번째 구간 :
한 땀 한 땀 빚어진 나

"진짜 난
왜 이렇게 태어났을까……?"

"넌 그냥 너 자체로도
충분히 특별한데 왜 그래?"

(속마음) 그렇지만 나는 한 번도
스스로 그렇게 느껴 본 적이 없다.

살다 보면, 예상치 못한 순간에 멈춰 서게 될 때가 있습니다. 익숙한 길을 걷다가 문득 하늘을 올려다보거나 오래된 나무 한 그루 앞에서 설명할 수 없는 고요에 잠길 때처럼요. 그 순간 마음속에 이런 생각이 스칩니다. "나는 어디서 왔을까, 누가 나를 이렇게 만들었을까?"

다윗도 그 질문 앞에 섰습니다. 그러나 그 답은 자기 안에서 나온 것이 아니었습니다. 그는 고난과 혼란 속에서 놀라운 깨달음에 이르렀습니다. 자신이 우연히 생겨난 존재가 아니라, 하나님의 손길로 정교하게 빚어진 작품이라는 사실이었습니다.

> 주께서 내 내장을 지으시며 나의 모태에서 나를 만드셨나이다(시 139:13).

절망 속에서도 다윗은 자신을 정교하게 만드신 하나님을 떠올리며 감탄했습니다. 내 시작과 끝, 존재의 모든 순간이 하나님의 계획 속에 있다는 사실을 알았을 때, 그는 흔들리던 마음을 붙잡을 수 있었고, 잃어버린 자신을 다시 찾을 수 있었습니다.

여기서 "내장"이라는 표현은 히브리어 단어로 단순히 장기를 뜻하지 않습니다. 감정과 생각, 성격과 기질까지도 아우르는 단어입니다. 하나님은 우리의 몸뿐 아니라 마음의 결까지, 삶의 기질까지도 세심하게 엮으신 분임을 보여 줍니다. 마치 장인이 씨줄과 날줄을 곱게 엮어 직물을 짜듯, 하나님은 우리를 정교하게 빚으셨다는 뜻입니다.

우리는 우연히 이 땅에 던져진 존재가 아닙니다. 어릴 적 농담처럼 "다리 밑에서 주워 왔다"는 이야기는 결코 진실이 아니지요. 천지를 창조하신 하나님의 섬세한 손길 속에서 공들여 한 땀 한 땀 빚어진 걸작, 그것이 바로 우리입니다.

다윗은 또 이렇게 고백합니다.

> 내가 주께 감사하옴은 나를 지으심이 심히 기묘하심이라 주께서 하시는 일이 기이함을 내 영혼이 잘 아나이다 (시 139:14)

누가 내 얼굴을 보면서 "너는 심히 기묘하게 생겼다!"라고 말하면 기분이 어떨까요? 대부분 기분이 좋지 않을 것입니다. 우리말 어감에서 '기묘'는 '이상하다 신기하다'는 의미가 있기 때문입니다. 그러나 여기서 "기묘하다"는 말은 '경이롭다, 너무 놀랍다'는 의미입니다. 인간의 언어로 다 담아 낼 수 없는 충격적인 아름다움 말입니다. 너무 잘 만들어서 '보는 순간 말을 잃어버린 상태'인 것이지요. 다윗은 초라한 현실 속에서도, 하나님의 손길 속에 있는 자신을 보며 이렇게 고백했습니다. "나는 경이롭게 지어진 존재로구나!"

현실 속에서 우리는 자주 스스로를 깎아내립니다. 거울을 보며 "나는 왜 이렇게 생겼을까?", "나는 왜 저 사람처럼 빛나지 못할까?" 하며 자신을 평가절하합니다. 세상은 온통 세상의 기준을 가지고 내 인생을 평가합니다. 과연 그게 맞는 걸까요? 내신 등급이 내 등급일까요? 출신 대학의 순위가 내 인생의 순위가 될 수 있을까요? 직장이, 외모가, 집안 배경이 나라는 존재 전체를 말해 줄 수 있을까요?

세상의 기준은 늘 바뀝니다. 어제까지 옳다고 했던 것이 오늘은 틀린 게 되고, 성공의 기준도 유행처럼 금세 달라집니다. 한때는 좋은 대학과 안정된 직장이 전부인 것처럼 말하다가, 또 다른 때는 자기계발과 외모 관리, 혹은 SNS에서의 인기와 팔로워 수가 중요하다고 합니다. 우리는 그 기준에 맞추느라 끊임없이 방향을 틀고 속도를 조절하지만 도착지는 늘 불확실합니다. 그렇게 세상이 알려 주는 길만 따라가다 보면, 정작 내가 누구인지, 어디로 가야 하는지는 더 모호해집니다.

다윗은 모든 걸 잃은 순간에도 이 사실을 붙잡았습니다. 아들의 반란으로 왕좌에서 쫓겨나 광야를 떠도는 늙은 노인. 흐르는 물에 비친 초라한 얼굴을 보며 인생을 끝내고 싶었을지도 모릅니다. 그러나 그곳에서 하나님은 다윗을 붙들고, 그의 눈을 열어 주셨습니다. 그 순간 다윗은 더 이상 도망자가 아니었습니다. 창조주의 손길이 빚은 걸작품으로 서 있었습니다. 다윗은 고백합니다. "나를 지으심이 심히 기묘하심이라!"

우리도 그렇습니다. 우리는 부모의 실수로 태어난 존

재도 아니고, 우연히 던져진 조각도 아닙니다. 하나님이 직접 디자인하신 특별한 작품입니다.

'진짜 나'를 찾는다는 것은 결국 이것입니다. 세상이 붙여 주는 꼬리표가 아니라, 하나님이 주신 본래의 이름을 회복하는 것. "나는 하나님의 작품이다." 이 고백이야말로 '진짜 나'를 찾은 자가 할 수 있는 고백입니다.

여기서 우리가 얻는 지혜는 분명합니다. '진짜 나'는 스펙이나 성취, 사람들의 평가에서 만들어지지 않습니다. 그 모든 것은 시간이 지나면 사라질 수 있습니다. 그러나 하나님의 손길 속에서 빚어진 나의 존재는 결코 흔들리지 않습니다. 그것이 내가 누구인지를 말해 주는 가장 확실한 기준입니다.

두 번째 구간 :
내 모든 날이 기록된 길 위에서

"건강 검진 결과 나왔는데,
생각보다 안 좋아."

"갑자기?
지난 번 검사 때는 괜찮았잖아."

(속마음) 젊으니까 괜찮을 줄 알았는데,
내일도 장담 못하는 게 인생이구나.

우리는 종종 미래에 대한 불확실성 때문에 두려움을 느낍니다. 취업 준비를 몇 년째 이어 가도 좋은 결과가 나오지 않을 때, 마음속에 무거운 질문이 맴돕니다. "이 길이 맞는 걸까?" 진로나 결혼 같은 인생의 중요한 결정을 앞둔 순간에도 마찬가지입니다. 내 선택이 어떤 결과를 가져올지 확신할 수 없으니 불안해지는 것이지요.

다윗도 같은 마음을 안고 있었습니다. 그러나 그는 고난 속에서 놀라운 사실을 깨달았습니다. 자신이 하나님이 정성껏 공들여 빚어 내신 작품이라는 것이었습니다. 그 깨달음은 한 걸음 더 나아갑니다. '나를 이렇게까지 빚으신 분이라면, 지금 내 인생 역시 그분의 선하신 손 아래 있지 않을까?'

> 내가 은밀한 데서 지음을 받고, 땅의 깊은 곳에서 기이하게 지음을 받을 때에 나의 형체가 주의 앞에 숨겨지지 못하였나이다 내 형질이 이루어지기 전에 주의 눈이 보셨으며 나를 위하여 정한 날이 하루도 되기 전에 주의 책에 다 기록이 되었나이다 (시 139:15-16).

우리가 태어나기도 전에 이미 하나님이 우리를 아시고, 바라보고 계셨다는 고백입니다. 우리는 흔히 우리의 시작을 어머니의 태중으로 생각하지만 성경은 더 깊은 이야기를 들려줍니다. 우리의 시작은 하나님의 계획 속에 있었고, 태초부터 하나님은 우리를 알고 계셨다는 것을요. 내가 이 땅에 태어난 그날, 그 하루가 시작되기도 전에 하나님의 책에는 나에 관한 모든 내용이 기록되어 있었습니다.

이 고백은 오해하기 쉽습니다. "그럼 우리는 이미 정해진 운명을 살고 있는 거야?"라는 의문이 들기도 합니다. 그러나 그렇지 않습니다. 우리는 여전히 자유롭게 선택하며 살아갑니다. 다만 우리의 모든 선택과 우연처럼 보이는 사건들이 결국 하나님의 큰 그림 안에 있다는 의미입니다. 우리가 예상하지 못한 실패나 기쁨 모두 하나님의 손길 안에 있습니다. 하나님이 "이건 내가 몰랐네!" 하고 놀라실 일은 하나도 없습니다.

우리가 진정 하나님의 걸작품이라면, 하나님은 그렇게나 공들여 만든 걸작품을 이 세상에 그냥 던져두지 않으실 것입니다. 자신의 소중한 걸작품들이 이 땅에서 가장 아름답게 빛나기를 원하실 것입니다. 그래서 하나님은 우리를 위한 계획을 세우시고, 그 계획대로 전개되기 위해 수많은 방법을 동원해서 이 땅을 움직이시는 것입니다. 하나님은 걸작품의 창조뿐 아니라 그 창조물이 이후 어떤 과정을 통해 더 아름다워질지도 계획하고 그 계획을 진행하는 분입니다.

유명한 건축가가 세운 건물을 떠올려 보십시오. 그 건물은 결코 아무렇게나 지어지지 않습니다. 설계자는 건물이 세워지기 훨씬 전부터 모든 구조와 재료를 치밀하게 계획하고 도면을 그립니다. 그렇게 완성된 건물은 흔들리지 않고 목적에 맞게 서 있을 수 있습니다. 하나님도 우리 삶을 허술하게 지으시지 않으셨습니다. 어떤 건축물보다도 치밀한 설계 속에서 우리의 하루하루를 엮어 가고 계십니다.

그럼에도 우리는 불안을 느낍니다. "내가 지금 제대로 살고 있는 걸까?" "이 선택이 내 인생을 망치진 않을까?" 계획을 세워도 실패할 때가 있고, 대비해도 예상하지 못한 일이 닥칠 때가 있습니다. 그럴 때 무척 초조하겠지만, 최종 목적지 자체가 사라진 것이 아니라, 여전히 그곳을 향해 가고 있다는 사실을 잊어서는 안 됩니다.

그래서 우리는 이렇게 기도할 수 있습니다. "하나님, 저는 최선을 다했습니다. 하지만 이제는 제 힘으로는 감당할 수 없습니다. 저를 지으신 하나님, 저를 위한 계획을 세우신 하나님, 그 하나님을 믿습니다. 이제는 맡깁니다." 그 순간 하나님은 우리에게 이렇게 말씀하실 것입니다. "너는 할 만큼 했다. 이제는 내가 책임진다. 걱정을 내려놓고 편히 쉬어라."

실제로 우리 삶은 모든 걸 예측할 수 없기에 끝없는 불안 속에서 몸부림치기보다 하나님에게 다 맡기고 그저 오늘 하루를 충실히 살아 내는 것이 지혜입니다. 여기서 우리가 붙잡아야 할 진리는 분명합니다. '진짜 나'를 찾는 여정은, 내가 모든 것을 통제하려고 애쓰며 불안에 시달리는 자리에서 벗어나, 이미 나를 향한 하나님의 선한 계획 안에 있다는 사실을 신뢰하는 데서 완성된다는 것입니다.

세 번째 구간 :
사라지지 않는 존재

"요즘 아무도 나한테
관심 없는 것 같아."

"왜 갑자기 그런 생각을 해?"

"메신저 알림도 줄고, 연락도 없고……
그냥 내가 점점 잊히는 것 같아."

(속마음) 세상에 둘러싸여 있는데도,
정작 나는 투명인간처럼 사라진 기분이다.

우리는 종종 자신이 잊혔다고 느낍니다. 사람들 속에 둘러싸여 있으면서도, 정작 투명인간처럼 아무 의미 없는 존재 같을 때가 있습니다. 직장에서 자리를 잃었을 때, 내가 어려운 일을 겪고 있는데도 아무도 관심이 없을 때, 나이가 들어 사회의 무대에서 조금씩 밀려날 때, 마음속에서 이런 질문이 고개를 듭니다. "나는 과연 중요한 존재일까?"

다윗도 그런 마음을 알았습니다. 그는 한때 골리앗을 무찌른 영웅이었고, 왕좌에 앉아 사람들의 환호를 받던 존재였습니다. 그러나 아들의 반란으로 모든 걸 잃고 광야로 도망쳤을 때, 그는 더 이상 누구도 바라보지 않는 초라한 노인에 불과했습니다. '누가 지금 나를 생각해 줄까?' 이러한 생각이 스스로를 괴롭혔을지도 모릅니다. 외로움과 절망은 오늘 우리에게도 낯설지 않습니다. 그런데 바로 그 순간, 다윗은 놀라운 진실을 붙잡습니다.

하나님이여 주의 생각이 내게 어찌 그리 보배로우신지요. 그 수가 어찌 그리 많은지요. 내가 세려고 할지라도 그 수가 모래보다 많도소이다 내가 깰 때에도 여전히 주와 함께 있나이다(시 139:17-18).

여기서 '생각'이란 단순한 관심이나 기억이 아닙니다. 애정과 돌봄이 담긴 깊은 마음입니다. 부모가 자녀를 두고 밤낮으로 마음을 쓰듯, 하나님이 우리를 향해 그렇게 마음을 쓰고 계시다는 뜻입니다. 창조만 하시고 방치하신 것이 아니라, 지금도 우리 삶을 세밀히 바라보시며 돌보신다는 뜻입니다. 다윗은 하나님이 자신을 향한 생각이 보배롭다고 고백합니다. 즉, 하나님의 관심과 사랑은 그 어떤 값진 것보다도 귀하다는 뜻입니다.

그리고 "그 수가 어찌 그리 많은지요"와 "그 수가 모래보다 많도소이다"라는 표현은 히브리 시가 가진 특징인 강조법입니다. 하나님이 내 생각을 이토록 많이 하신다는 것입니다. 하나님이 나를 위한 생각으로 잠 못 이루시더라는 것이지요.

다윗은 하나님의 생각을 세어 보려 했습니다. 그러나 끝이 없었습니다. "모래보다 많다"고 고백할 수밖에 없었습니다. 밤이 지나 아침이 되어도 그 셈은 끝나지 않았습니다. 이 말은, 하나님이 단 한순간도 나를 잊으신 적이 없다는 선언입니다.

우리도 친구나 가족의 연락이 줄어들면 금세 '나는 중요하지 않은 존재인가 보다'라는 생각에 빠집니다. 하지만 하나님은 매일, 매 순간 우리를 향한 알림을 보내시는 분입니다. 단지 우리가 그 알림을 무시하거나 못 보고 지나칠 뿐입니다. 그분은 늘 우리를 생각하고 계십니다.

세상은 언제나 새로움과 능력 있는 자를 찾습니다. 젊음이 지나면 다른 얼굴을 향하고, 능력이 줄면 다른 사람을 찾습니다. 하지만 하나님은 다르십니다. 성공했을 때나 실패했을 때, 젊을 때나 늙었을 때, 변함없이 우리를 보배로운 존재로 기억하십니다.

세상 사람들은 이유를 찾고, 조건을 따져 가며 나에게 관심 가지지만, 하나님은 그냥 '나'를 보십니다. 나이가 들었어도 괜찮고, 아직 어려도 괜찮습니다. 지쳐 있어도, 실패해도, 하나님은 여전히 나를 사랑의 눈으로 바라보십니다. 취업을 했든 하지 않았든, 성공했든 실패했든, 그분의 관심은 결코 다른 곳으로 옮겨지지 않습니다. 세상은 성과와 비교로 사람을 평가하지만, 하나님은 단 한 사람, 나를 바라보십니다. 마치 이 세상에 나 혼자만 있는 것처럼요.

왜일까요? 그분이 나의 '진짜 아버지'이시기 때문입니다. 저도 아버지가 되고 나서야 조금 알게 되었습니다. 부모의 마음이라는 게 어떤 것인지 말입니다. 자녀가 세상의 기준에 못 미쳐 세상 사람들이 외면하더라도, 아무도 주목하지 않더라도, 부모는 자식을 늘 마음에 품고 살아갑니다. 약하고 부족한 모습 그대로일지라도, 오히려 그래서 마음이 더 쓰입니다.

이 경험을 통해 깨닫게 되었습니다. 하나님 아버지께서 우리를 향해 말씀하신 진심을요. "나는 너를 늘 생각한다. 쉬지 않고 생각한다. 그 생각은 끝이 없다." 부족한 인간 아버지도 자식을 향해 이런 마음을 품는데, 완전하신 하나님 아버지께서 우리를 향해 그러지 않으실 리가 없습니다.

결국 하나님이 나를 아신다는 것, 나와 함께하신다는

것, 나를 쉬지 않고 생각하신다는 것은 한 가지 진리를 가리킵니다. 바로, 하나님이 나를 사랑하신다는 사실이지요. 아주 깊이, 아주 많이 말입니다. '진짜 나'를 찾는 여정에서 이 고백은 결정적이고 꼭 기억해야 할 진리입니다.

세상의 시선에서는 언제든 밀려나고 잊힐 수 있습니다. 그러나 하나님 앞에서는 결코 사라지지 않는 존재. 끝없이 기억되고 사랑받는 존재. 바로 그것이 우리의 정체성입니다.

이 사실이 우리를 자유롭게 합니다. 더 이상 나를 증명하고자 애쓰지 않아도, 하나님 안에서 나는 이미 충분히 소중한 존재입니다. "하나님은 지금 이 순간에도 나를 생각하고 계신다." 이 단순한 고백이야말로 흔들리지 않는 '진짜 나'의 토대입니다.

세 번째 여정의 마무리

우리는 첫 번째 여정에서 가면을 벗었고, 두 번째 여정에서 어둠 속에 숨고 싶었던 마음을 지나 빛을 만났습니다. 그리고 세 번째 여정에서 더 깊은 깨달음에 닿았습니다. '진짜 나'는 하나님의 손길 속에서 지어진 나, 그분의 계획 안에 놓인 나, 그리고 결코 잊히지 않는 나로 발견된다는 것입니다.

사람은 누구나 미래 앞에서 불안해합니다. 내일 어떤 일이 일어날지 알 수 없으니까요. 하지만 하나님 안에서는 우연이란 단어가 존재하지 않습니다. 내가 예측하지 못한 순간에도, 이해할 수 없는 시간 속에서도, 하나님은 여전히 나의 길을 붙들고 계십니다.

그리고 또 하나, 하나님은 나를 생각하십니다. 특별한 사람들만이 아니라, 평범한 나도, 초라해 보이는 나도 기억하고 바라보십니다. 세상은 나를 잊을 수 있어도 하나님은 단 한순간도 나를 잊지 않으십니다. 그분의 시선은 변덕스럽지 않고, 한결같은 사랑이기 때문에 끝없이 이어집니다.

다윗도 이 사실을 붙잡았습니다. 절망으로 하루를 힘겹게 마쳤지만, 아침에 눈을 뜨자 마음이 달라져 있었습니다. 자신이 우연히 흘러온 인생이 아니라 하나님의 손길 속에 빚어진 존재라는 것, 그분이 여전히 곁에 계신다는 것, 그리고 그 사랑은 결코 변하지 않는다는 것을 깨달았습니다.

혹시 오늘도 거울 앞에서 초라한 나를 보고 있습니까? '나는 왜 이렇게밖에 살지 못했을까?'라는 생각이 스쳐 지나갑니까? 그렇다면 거울 속 나에게 이렇게 말해 보십시오. "너는 이 땅에 우연히 태어난 존재가 아니야. 세상이 네게 뭐라고 말하고, 네가 너 자신을 어떻게 느껴도 하나님이 너를 만드셨어. 하나님이 너를 귀하다고 하셔. 하나님이 너를 너무너무 많이 사랑하신대."

'진짜 나'를 찾는 여정은 결국, 세상이 아닌 하나님의 눈으로 나를 바라볼 때 완성됩니다. 그것이 우리를 자유롭게 합니다. 더 이상 증명하지 않아도, 꾸미지 않아도, 나는 이미 충분히 소중한 존재이기 때문입니다.

어쩌면 우리 인생은 하나님이 써 내려가시는 한 편의 이야기인지도 모릅니다. 때로는 문장이 끊기고, 쉼표가 너무 길어 답답하지만, 마침표를 찍는 분은 우리가 아니라 하나님이십니다. 그분의 이야기 안에서 우리는 여전히 한 줄의 의미로 살아갑니다. 그것이 '진짜 나'를 찾은 이의 평안입니다.

한숨 고르고, 나에게

나는 지금

내 가치를 어디에서 찾고 있는가?

사라질 성취와 시선이 아니라,

변하지 않는 손길 속에서

나의 참 가치를

발견할 수 있을까?

4
네 번째 여정

"나를 맡기고, 자유하라"

영원한 길에 서는 순간,
나다움을 회복하다

시편 139편 19-24절

여러분,

솔직히 저는 참을 수가 없었습니다.

악을 일삼는 자들이 활개를 치고,

거룩한 이름을 욕되게 하면서도

아무렇지 않게 살아가는 모습을 볼 때,

제 안에서 분노가 치밀어 올랐습니다.

저는 그들이 몹시 미웠습니다.

그들은 분명 제 원수였습니다.

그래서 저는 그들과 같은 길을 걷지 않겠다고

이를 악물었습니다.

그런데 시간이 지날수록 알게 되었습니다.

문제는 그들이 아니라, 제 안에 있었습니다.

'내 안에도 악한 마음이 숨어 있지 않을까?'

'나도 모르게 그들과 똑같이 살고 있는 건 아닐까?'

그 생각이 오히려 저를 두렵게 했습니다.

저는 이렇게 간구할 수밖에 없었습니다.

"내 마음을 샅샅이 살펴 주소서.

내 안의 상처 난 길, 뒤틀린 길을 드러내 주소서.

내가 잘못된 길에 서 있다면

영원한 길, 생명의 길로 이끌어 주소서."

_From. 다윗

길을 따라 오래 걷다 보면 문득 뒤돌아보게 됩니다. 발자국마다 묻은 흙, 길 위에 길게 드리운 그림자들. 우리도 여기까지 걸어오며 많은 흔적을 남겼습니다.

첫 번째 여정에서는 "가면을 벗어라"는 외침을 들었습니다. 웃는 얼굴 뒤에 감춘 눈물, 씩씩한 척했던 초라한 마음을 하나님 앞에서 내려놓을 수밖에 없었습니다.

두 번째 여정에서는 "숨바꼭질은 끝났다"는 선언을 들었습니다. 도망치듯 어둠 속으로 숨었지만, 결국 빛으로 다가오신 하나님 앞에서 처음으로 안도의 숨을 내쉴 수 있었습니다.

세 번째 여정에서는 "가치는 변하지 않는다"는 진리를 배웠습니다. 세상의 기준은 흔들리고 사람들의 시선은 금세 사라지지만, 하나님은 한결같이 말씀하셨습니다. "너는 내 작품이다. 나는 너를 잊지 않는다." 그 말씀 속에서 흔들리지 않는 나의 자리를 발견했습니다.

그리고 이제, 네 번째 여정 앞에 서 있습니다. 지금까지의 길은 따뜻했습니다. 그러나 이번 길목은 완전히 공기가 달라집니다. 숲은 더 깊어지고, 그 안에서는 감추고 싶던 상처와 두려움까지 드러나게 됩니다. 때로는 익숙한 길로 돌아가고 싶은 유혹이 들기도 합니다. 그러나 이 길의 끝에 '내가 그리던 나'가 아니라, '하나님이 빚으신 진짜 나'가 있습니다.

'진짜 나'는 단순히 '나를 이해하는 것'에서 멈추지 않습니다. 내 안에만 붙잡아 두었던 삶을 내려놓고, 더 큰 흐름 속에 나를 맡길 때 더 넓은 시야가 열립니다. 그래서 이번 여정은 '내 인생의 주인을 바꾸는 길', 다시 말해, 내가 아닌 하나님에게 방향키를 내어 드리는 길입니다.

이번 여정에서도 세 구간을 지나게 될 것입니다. 그 길 위에서는 '내가 통제하려던 삶'을 내려놓는 순간의 두려움과 그 자리를 채우는 신비한 평안을 함께 경험하게 될 것입니다. 때로는 발걸음이 느려지고 멈춰 서서 하늘을 올려다보게 될지도 모릅니다. 하지만 그 모든 시간이 결국 하나의 고백으로 모아질 것입니다. "주님, 이제 제 길을 맡깁니다. 제가 만든 지도가 아니라, 주님이 그리신 길을 걷겠습니다."

이제 그 고백으로 마지막 여정의 문을 엽니다.

첫 번째 구간 :
솔직해질 용기

"오늘 왜 이렇게 예민해?
학교에서 무슨 일 있었니?"

"엄마는 해결도 못 해 줄 거면,
그냥 나 좀 내버려 둬."

(속마음) 사실 엄마 탓이 아니라는 걸 안다.
그런데도 제일 사랑하는 사람에게만
이렇게 상처 주는 말을 해 버린다.

마지막 여정의 시작부터 날카로운 절규가 들립니다. 시편 139편의 마지막 연이 바로 그렇습니다. 앞에서는 "하나님은 나를 아신다"라고 노래하던 다윗이, 갑자기 이렇게 외칩니다.

> 하나님이여 주께서 반드시 악인을 죽이시리이다(시 139:19).

뜻밖의 반전입니다. 그러나 이것은 단순히 감정이 폭발한 장면이 아닙니다. 오히려 '진짜 나'를 찾는 여정이 마지막에 도달해야 할 깊은 자리, 가장 솔직한 고백일 수 있습니다. 어쩌면 이 시의 진짜 중심이 바로 여기에 숨어 있는지도 모릅니다.

다윗은 자신에게 벌어진 상황 때문에 기도할 의지가 사라졌습니다. 그런데 바로 그때, 깊은 어둠 속에서 한 가지 사실이 마음을 파고들었습니다. "하나님은 여전히 나를 아신다. 나와 함께하신다. 나를 만드신 분이다."

거부하고 싶고 아니라고 말하고 싶고 나는 아닌 것 같

다고 끝난 것 같다고, 어둠이 나를 집어삼켜 버렸으면 좋겠다고 외치던 다윗입니다. 그런데 다윗의 모든 부정적인 생각을 뚫고 "너는 여전히 내게 소중하다." 그 한마디에 다윗의 마음이 녹아내렸습니다. 그리고 마침내, 그는 가면 뒤 진짜 얼굴로 속마음을 쏟아 낼 수 있었습니다. 이제야 다윗이 진짜 기도를 시작했습니다.

> 하나님이여 주께서 반드시 악인을 죽이시리이다 피 흘리기를 즐기는 자들아 나를 떠날지어다 그들이 주를 대하여 악하게 말하며 주의 원수들이 주의 이름으로 헛되이 맹세하나이다 여호와여 내가 주를 미워하는 자들을 미워하지 아니하오며 주를 치러 일어나는 자들을 미워하지 아니하나이까 내가 그들을 심히 미워하니 그들은 나의 원수들이니이다(시 139:19-22).

다윗은 가면을 완전히 벗었습니다. 이제야 다윗은 자신의 속마음을 거침없이 쏟아 놓습니다. 유치하게 보일 수도 있고, 감정적일 수도 있지만 그는 더 이상 숨기지 않앉습니다. 다윗은 피흘리기를 즐기며, 하나님을 악하게 말하는 악인들이 너무 미웠습니다. 주님과 주님의 뜻을 따르는 이들을 향해 칼을 들고 오는 이들이 너무 미웠습니다. 그래서 하나님에게 심히 미운 나의 원수들이 있는데 그들을 좀 어떻게 해달라고 소리를 질렀습니다.

저는 이 장면을 보며 가정에서 배운 한 가지 진실이 떠올랐습니다. 아마 많은 부모들이 공감할 것입니다. 자녀들이 밖에서는 늘 예의 바르고 성숙해 보입니다. 선생님과 친구들에게는 싹싹하고 착한 모습만 보여 주지요. 그런데 집에만 오면 달라집니다. 사소한 일에도 화를 내고, 짜증을 거침없이 쏟아 냅니다. 부모 입장에서는 억울하고 서운할 때가 많습니다.

아직 부모가 되지 않은 청년들도 공감할 것입니다. 직장에서 억울한 일을 당했을 때, 가까운 관계에서 깊은 상처를 받았을 때, 사람들 앞에서는 잘 드러내지 못합니다. 대신 가장 가까운 이, 특히 부모님에게 괜히 짜증을 내거나, 울분을 쏟아 냅니다. 다윗이 하나님에게 그랬듯이요.

세상에서 받은 상처, 밖에서 당한 일들, 하루하루 살아가는 삶 가운데 경험하는 그 모든 스트레스, 그 모든 상황에서 최대한 잘 보이려고 썼던 가면을 벗은 것입니다. 그래서 자신을 사랑하는 부모에게 자신의 솔직한 심정을 쏟아 놓는 것입니다. 부모는 떠나지 않을 존재라는 확신이 있기 때문입니다. 가면을 쓰지 않아도 되는 자리, 가장 솔직한 감정을 드러낼 수 있는 관계. 그것이 바로 '사랑받고 있음을 아는 증거'입니다.

우리는 종종 하나님 앞에서도 체면을 차리고, 괜찮은 척 합니다. 하지만 하나님은 그런 꾸며진 겉모습이 아니라 있는 그대로의 나를 원하십니다. 화가 났다면 화난 대로, 억울하다면 억울한 대로, 무너졌다면 무너진 모습대로. 왜냐하면 하나님은 어떤 순간에도 우리를 버리지 않으시기 때문입니다.

하나님은 하나밖에 없는 아들을 내어 주시기까지 우리를 사랑하신 분입니다. 남들이 나를, 내가 나를 어떻게 생각하든, 하나님은 여전히 나를 사랑으로 바라보십니다. 어떤 상황에서도 그 사랑에서 우리는 끊어지지 않습니다. 그것을 알기에 우리는 하나님에게 하고 싶은 말을

다 할 수 있습니다. 하나님 앞에서 울 수 있고, 하나님 앞에서 소리 지를 수 있습니다. 하나님에게 화가 나서 씩씩거릴 수 있고, 세상에서 받은 상처를 하나님에게 가지고 가서 성질부릴 수 있습니다. 그래도 하나님은 우리를 떠나지 않습니다.

다윗은 그래서 담대히 외칠 수 있었습니다. "하나님, 악을 심판해 주십시오. 이 불의를 멈추어 주십시오. 세상을 다시 제자리에 두어 주십시오." 이것은 단순한 분노의 외침을 넘어, 모든 것을 하나님에게 맡기는 신뢰의 고백이었습니다.

여기서 우리가 붙잡을 지혜는 분명합니다. '진짜 나'는 멋지게 꾸민 기도에서 시작되지 않습니다. 가장 솔직한 자리, 감정이 그대로 드러나는 자리에서 시작됩니다. 하나님은 우리의 깊은 분노도, 설명할 수 없는 억울함도, 부끄러운 눈물도 다 받아 내실 수 있는 분입니다. 다시 강조하지만, '진짜 나'는 하나님 앞에서 가면을 벗고 설 때 드러납니다.

두 번째 구간 :
내 안의 그림자와 마주하기

"우리 관계가 이렇게 된 건
 다 네 탓이야!"

"무슨 소리야?
 너는 아무 잘못도 없어?"

"……."

(속마음) 사실 알고 있다. 나에게도 잘못이 있었다는 걸.
하지만 지금은 그 말을 차마 할 수 없었다.

다윗은 처음에 바깥세상을 향해 소리쳤습니다. "하나님, 저들을 멸하소서!" 압살롬이 몹시 미웠습니다. 압살롬과 한 팀이 되어 자신을 치려고 오는 신하들과 군대에 대한 억울함과 분노가 마음에 가득했습니다. 왕이라는 체면 때문에 차마 입 밖에 낼 수 없던 말들이었지만, 이제는 모든 울분을 하나님에게 쏟아 냈습니다.

그런데 이상한 변화가 찾아왔습니다. 그렇게 고함을 지르던 다윗의 기도가 점점 잦아들었습니다. 긴 침묵이 흘렀습니다. 마치 어린아이가 목 놓아 울다 지쳐 흐느낌만 남는 순간처럼요. 그리고 마침내 그는 자세를 고쳐 앉고, 나직한 목소리로 이렇게 고백합니다.

> 하나님이여 나를 살피사 내 마음을 아시며, 나를 시험하사 내 뜻을 아옵소서(시 139:23).

다윗의 시선이 바깥에서 안쪽으로 옮겨진 것입니다. 처음에는 세상이 문제라고 했습니다. 온통 나만 억울하고 세상이 악했습니다. 압살롬이 문제고, 신하가 문제고,

이놈 저놈 다 나쁜 놈이라고 외쳤습니다. 하지만 울분을 다 쏟고 나니, 그 마음속 깊은 곳에서 자기 안의 그림자가 보였습니다. 외부의 악보다 무서운 악이 있다는 것, 바로 내 속에 있는 악, 내 마음에 있는 악이었습니다. 잘 감추고 있던 마음, 잘 쓰고 있던 가면을 벗었을 때 그는 마음에 있던 것이 쏟아졌습니다.

사실 우리도 다윗과 비슷합니다. 일이 꼬일 때 가장 먼저 나오는 말은 "다 너 때문이야!"입니다. 회사에서 프로젝트가 실패하면 동료 탓, 집안에서 문제가 생기면 가족 탓, 친구 관계가 틀어지면 상대방 탓을 합니다. 그러나 시간이 지나면 깨닫습니다. 그 과정에서 내 태도에도, 내 말에도, 내 선택에도 잘못이 있었다는 사실을요.

다윗도 아들이 빗나가던 순간에 제대로 붙잡아 주지 못한 자신, 신하들의 갈등을 방치한 지도자로서의 자신, 왕국이 안정된 이후에 별로 한 게 없는 자신을 돌아보았습니다. 무엇보다 이렇게 눈물로 하나님 앞에 엎드려 기도하는 일이 언제부턴가 사라져 있던 자신을 깨달았습니다. 그는 결국 이렇게 고백할 수밖에 없었습니다. "주님,

저도 무너져 있었습니다. 제가 원망하던 악인들과 별반 다르지 않았습니다. 주님, 저를 먼저 살피시고, 주님 뜻에 맞는 삶을 살도록 저를 먼저 고쳐 주십시오"

'진짜 나'를 찾는 길은 결코 편안하지 않습니다. 오히려 더 괴로운 순간을 통과해야 합니다. 자신의 어두운 속내와 마주해야 하고, 감추고 싶은 죄와 마주해야 하니까요. 그래서 사람들은 자꾸 회피합니다. "나는 그냥 이 정도면 괜찮아"라고 말하며 넘어가고 싶어 합니다.

하지만 그 길을 회피하면, 결국 같은 자리에 머물 뿐입니다. 외부의 악을 향해 손가락질하다가, 정작 내 안의 상처와 죄 때문에 또다시 넘어지고, 또다시 흔들립니다. 겉은 아무렇지 않아 보이는데, 속에서는 이미 상처가 번져 있을 때가 많습니다. 화장을 곱게 덧입히면 순간은 괜찮아 보이지만, 피부 깊은 곳의 병까지는 가려지지 않는 것처럼요.

겉모습은 잠시 빛나 보일 수 있지만, 안에 남아 있는 아픔과 상처는 언젠가 결국 드러나게 됩니다. 우리 마음도 그렇습니다. 아무 일 없는 듯 웃고 있어도, 속에 쌓인 어둠은 언젠가 표정과 말, 그리고 선택 속에서 모습을 드러내고 맙니다.

반대로, 괴로움을 감수하고라도 내 안의 그림자를 직면하면 새로운 자유가 시작됩니다. 잘못된 것을 끊어 내고, 다시 세워지고, 진짜 나로 살아갈 힘을 얻게 됩니다. 마치 오래되어 고장 난 시계를 장인의 손에 맡길 때, 부품이 하나씩 교체되고 조율되며 제 모습을 찾아가는 것처럼, 하나님에게 나를 내어놓을 때 망가진 부분이 하나씩 고쳐집니다. 그 과정은 아프고 오래 걸리지만, 그 결과는 새로운 삶입니다.

우리는 선과 악을 분별해야 합니다. 세상 속에서 일어나는 불의를 멈추게 해 달라고 기도해야 하고, 하나님의 정의가 이 땅에 세워지기를 소망해야 합니다. 동시에 그 정의가 이루어지는 일에 우리도 동참해야 합니다. 그러나 여기서 반드시 기억해야 할 것이 있습니다. 세상의 악과 싸우는 것만큼이나 내 안에 있는 죄와의 싸움도 중요하다는 사실입니다.

다윗은 하나님 앞에서 가면을 벗었습니다. 더 이상 포

장도, 숨김도 없는 모습으로 섰습니다. 그 자리에서 그는 사랑으로 가득한 하나님을 만났습니다. 하나님의 빛은 세상의 악을 드러내는 동시에, 내 안에 감춰져 있던 그림자까지도 밝혀 냅니다. 그 빛 앞에 서면 누구도 자기 내면을 부인할 수 없습니다. 우리도 이처럼 내 속의 죄, 내 속의 어둠을 하나님에게 솔직히 내어 놓아야 합니다.

하나님은 우리를 온전하게 빚어 가시는 분입니다. 우리가 무너뜨린 부분을 하나씩 다시 세우시고, 잃어버린 조각들을 조용히 이어 붙이십니다. 우리가 망가뜨린 것을 그분은 묵묵히 고쳐 가십니다. "나를 살피소서, 내 마음을 아소서"라는 고백이 진심으로 흘러나올 때, 하나님은 우리의 깊은 곳을 만지시고 그리스도의 모습으로 빚어 가십니다.

빛 앞에 서면 내 그림자가 또렷해집니다. 그것이 불편하고 두렵지만, 바로 그 순간에 우리는 '진짜 나'와 마주하게 됩니다.

세 번째 구간 :
진짜 나를 만나다

"이 길 끝에는 분명히
우리가 보고 싶던 풍경이
있을 거라 생각했는데."

"맞아. 그런데 도착해 보니,
전혀 다른 곳이네."

(속마음) 내가 만든 지도가 늘 맞는 건 아니구나.
결국 길을 아시는 분은 따로 계시다.

이제 마지막 구간에 다다랐습니다. 긴 여정을 걸어온 우리의 발걸음이 마지막 장면 앞에 서 있습니다.

시편 139편의 마지막 절을 보면, 다윗이 이렇게 고백합니다.

> 내게 무슨 악한 행위가 있나 보시고, 나를 영원한 길로 인도하소서(시 139:24).

이 마지막 구간은 단순한 끝맺음이 아닙니다. 오히려 지금까지의 모든 길을 꿰뚫어 완성하는 자리입니다. 네 번째 여정에서 다윗의 기도는, 처음에는 격렬했지만, 마지막에는 이런 진심어린 고백으로 마무리됩니다. "내가 아닌 하나님에게 제 길을 맡기겠습니다."

우리는 흔히 스스로 모든 것을 통제하려 합니다. 계획을 세우고, 목표를 세우고, 그 길이 정답이라 확신합니다. 그러나 어느 순간 알게 됩니다. 내 뜻대로 되는 것이 하나도 없다는 사실을요. 다윗 역시 왕이 된 후 미래를 그려 봤을 것입니다. '앞으로는 평화롭겠지. 이렇게 나라가 안정

되면 오래갈 수 있겠지.' 그러나 현실은 무너졌습니다. 가까운 이들에게 배신당하고, 아들에게 쫓겨 광야로 도망쳤습니다. 그의 내일은 그가 그린 도면과는 전혀 달랐습니다.

혹시 우리도 비슷하지 않습니까? 열심히 준비한 시험에서 떨어졌을 때, 평생 함께할 거라 믿었던 관계가 흔들릴 때, 예상치 못한 질병이나 사고로 하루아침에 삶의 방향이 바뀔 때······. '내가 그린 그림은 왜 이렇게 엉망진창 무너지는거지?'라는 허무가 찾아옵니다.

그때 다윗은 깨달았습니다. 내일을 내 손으로 완벽하게 그릴 수 없다는 것. 길을 만드시는 분, 길의 방향을 아시는 분은 따로 계시다는 것. 그래서 그는 이렇게 고백합니다. "주님, 제 마음을 살펴 주십시오. 제 안에 있는 어둠까지 비추어 주십시오. 그리고 저를 영원한 길로 이끌어 주십시오."

여기서 말하는 "영원한 길"은 단순히 도덕적으로 올바른 길이 아닙니다. 성경 전체에서 볼 때, 하나님과의 관계 속에서 살아가는 길, 그리고 그분의 뜻에 순종하며 걷는, 영원한 생명으로 이어지는 구원의 길을 가리킵니다. 단순히 지금 당장의 성공이나 만족이 아니라, 하나님의 시선에서 볼 때 가장 복된 길로 나를 인도해 달라는 것입니다. 오늘의 성공과 실패에 따라 흔들리지 않는, 더 깊은 시선 속에서 걷는 길입니다.

우리가 흔히 붙드는 '성공의 길'은 쉽게 바뀝니다. 좋은 직장이 답이라고 했다가, 또 다른 때는 인맥이 답이라고 하고, 또 어떤 순간에는 대중의 관심 정도가 기준이 되기도 합니다. 그러나 그 길은 늘 흔들리고, 사람마다 다르고, 금세 낡아 버립니다. 하지만 '영원한 길'은 변하지 않습니다. 하나님이 우리를 사랑으로 지으셨듯, 그 사랑 안에서 걸어가는 길은 상황이 달라져도 방향을 잃지 않습니다.

결국 '진짜 나'를 찾는 여정이 중요한 이유는 여기에 있습니다. 내가 원하는 대로 살기 위함이 아니라, 내가 진짜 서야 할 자리에 서기 위해서입니다. 가면을 벗고, 어둠을 지나, 변하지 않는 가치를 발견했다면, 마지막으로 해야 할 일은 그 길 위에 서는 것입니다. 길의 모든 것을 알지 못해도 괜찮습니다. 앞서 길을 내신 분이 계시기에, 한 걸음을 내딛는 것 자체가 완성입니다.

다윗의 고백은 결국 이런 초청으로 우리에게 다가옵니다. "내 길을 내가 다 알 수 없어도 괜찮다. 중요한 건 올바른 손에 내 삶을 맡기는 것이다."

하나님은 이미 우리를 아시고, 우리와 함께하셨고, 우리를 빚으신 분입니다. 자신의 사랑하는 아들을 내어 주시기까지 우리를 귀하게 여기신 분입니다. 그렇다면 그분이 인도하시는 길이야말로 가장 안전하고, 가장 복된 길이 아닐까요? 오늘 그 길 앞에 서 보십시오. 영원한 길 위에 서는 순간, 우리는 마침내 '진짜 나'로 살아갈 자유를 얻게 될 것입니다.

네 번째 여정의 마무리

　지금까지 우리는 하나님과 씨름했던 시인 다윗의 고백을 통해 하나님을 만났고, 또 다윗이라는 한 사람을 만났습니다. 그가 곧 나이고, 그가 만난 하나님이 바로 나의 하나님입니다.

　네 번의 여정을 통해 '진짜 나'를 찾는 길을 걸었습니다. 이 길은 왜 중요할까요? 가면을 벗고, 어둠을 지나고, 변하지 않는 가치를 붙잡은 사람은 이제 알게 됩니다. 진짜 자유는 "내가 원하는 대로 사는 것"에서 오는 것이 아니라, "내가 진짜 있어야 할 자리에 서는 것"에서 온다는 것을요. 그 자리가 바로 '영원한 길'입니다.

　그 길을 걷는 사람은 달라집니다. 불안에 휘둘리지 않고, 세상의 기준에 끌려다니지 않습니다. 실패해도 좌절하지 않고, 성공해도 자만하지 않습니다. 내 삶이 흔들려도, 길은 흔들리지 않습니다. 그 길 위에 선 사람의 삶은 풍성합니다. 사랑받고 있다는 깊은 확신에서 흘러나오는 평안, 자신답게 살아갈 수 있는 자유, 그리고 다시 일어설 수 있는 힘이 생깁니다.

이제 마지막으로 이런 질문이 우리 앞에 놓입니다. "나는 이 사랑을 믿고, 그 길 위에 서기를 원하는가?" "내 삶을 내 손에서 놓고, 더 크신 분의 손에 맡기기를 원하는가?"

우리는 어쩌다 이 자리에 서 있는 존재가 아닙니다. 보이지 않는 손이 우리를 이끌었고, 그 손끝의 온기 속에서 하루하루가 모여 길이 되었습니다. 때로는 이유를 알 수 없는 고통이 우리를 멈춰 세웠고, 때로는 예상치 못한 은혜가 다시 걸음을 내딛게 했습니다. 돌아보면 모든 순간이 이어져, 하나의 이야기로 완성되어 있었습니다.

하나님은 멀리서 우리를 바라보는 관찰자가 아닙니다. 눈물의 밤에도, 말없이 걷던 새벽에도 그분은 늘 우리 곁에 계셨습니다. '진짜 나'를 찾는다는 것은 새로운 내가 되는 일이 아닙니다. 그렇게 거창한 일도 아닙니다. 그저 잊고 있던 나로 돌아가는 일이자, 내가 진짜 있어야 할 자리를 찾는 것입니다. 다른 누구의 기대가 아니라 나를 지으신 분의 시선 속에서 내 존재를 회복하는 것입니다.

그 길 위에 설 때, 우리는 더 이상 남의 삶을 흉내 내지 않아도 되고, 억지로 나를 꾸며 낼 필요도 없습니다. 그냥 '나다운 나'로 서 있을 수 있습니다. 그것이야말로 우리가 오래도록 찾아왔던 자유일 것입니다.

이제 여러분의 여정이 남았습니다. 그 길은 언제나처럼 완벽하지 않을 것입니다. 때로는 어둠이 짙어지고, 자신이 낯설게 느껴질지도 모릅니다. 그러나 여러분이 길을 잃었다고 느낄 때조차, 하나님은 이미 앞서 가고 계십니다. 때로는 침묵으로, 때로는 따뜻한 바람으로, 그분은 여러분의 걸음을 인도하실 것입니다. 오늘, 그분의 빛 앞에서 다시 걸음을 내딛어 보십시오. 그 길 위에서 여러분은 분명히 '진짜 나'를 만나게 될 것입니다.

한숨 고르고, 나에게

지금 내 힘으로

붙잡으려 애쓰고 있는 내 삶의 영역은

무엇인가?

모든 것을 맡길 때 오는 자유,

나는 그 길 위에 서고 싶은가?

에필로그

시작되는 여정을
응원하며

책의 첫 페이지를 펼쳤을 때와 지금, 여러분의 마음은 어떤가요?

아마 여전히 삶은 복잡하고, 관계는 어렵고, 가면을 완전히 벗어던지기에는 용기가 부족할지도 모릅니다. 하지만 한 가지는 달라졌을 것입니다.

이제 여러분은 압니다. '하나님이 나를 아신다'는 것이 두려움이 아니라, 내 삶의 가장 큰 위로라는 것을요. 그분의 시선은 감시가 아니라 이해이고, 그분의 손길은 심판이 아니라 품어 주는 손길입니다.

우리는 완벽해지려 애씁니다. 그러다 실패하면 자책하지요. '가면을 벗는다'는 건 완벽해지겠다는 결심이 아닙니다. 오히려 불완전한 나를 인정하고, 그 모습 그대로 하나님 앞에 서는 용기를 내는 일입니다.

가끔 그런 순간이 있습니다. 밖에서 다른 이들과 있을 때는 하루 종일 웃으며 지내다가 집에 돌아와 현관에 들어서자마자 "아, 진짜 지친다!"라는 말이 절로 나오는 순간 말입니다. 그때 비로소 우리는 진짜 나로 돌아갑니다.

하나님 앞에서도 마찬가지입니다. 그분은 우리가 사회적 미소를 지을 필요도, 영적 체면을 차릴 필요도 없는 분입니다.

이 책은 네 번의 여정을 따라 써 내려간 기록이지만, 사실은 저 자신을 향한 고백이기도 합니다. 목회자로서, 한 사람의 신앙인으로서, 남편으로서, 아버지로서, 아들로서 살아가며 저 또한 여전히 '가면을 벗는 연습'을 하고 있습니다. 이 여정은 지금도 계속되고 있습니다. 그러면서 분명히 알게 된 것이 하나 있습니다. 하늘 아버지의 사랑이 저로 하여금 '진짜 나'를 사랑할 수 있게 해주셨다는 사실입니다. 그리고 하나님은 지금 이 순간에도 저에게 이렇게 말씀하십니다. "괜찮아, 나는 네가 어떤 모습이든 사랑한단다." 그 말 한마디면, 무너진 마음이 다시 일어섭니다.

친구처럼, 목자처럼, 아버지처럼 우리를 부르시는 그 음성 앞에서 여러분도 조금은 편안해지기를 바랍니다. 누군가의 시선이 아닌, 하나님의 시선으로 자신을 바라보는 자유. 그 자유 안에서, 조금은 웃을 수 있기를 바랍니다. 완벽하지 않아도 괜찮고, 모양이 달라도 괜찮다는 것을 그분이 이미 알고 계시니까요.

이 책이 그 여정의 끝이 아니라, 하나님과 함께 걸어가는 새로운 시작이 되기를 소망합니다.

그분이 아시는 나, 그 '내'가 '진짜 나'입니다.

잃어버린 나를 찾습니다
가면을 벗고 마주할 용기

초판 1쇄 발행 2025년 12월 5일

지은이 ｜ 조영민
펴낸이 ｜ 김세나
펴낸곳 ｜ 소유

출판등록 ｜ 2025.10.15 제 2025-000051호
주소 ｜ 08015 서울특별시 양천구 신목로 34, 현승빌딩 3층 A36호
홈페이지 ｜ www.soyoubooks.kr
이메일 ｜ soyoubooks@gmail.com

ⓒ 조영민, 2025
ISBN ｜ 979-11-995845-0-1 03230

이 책의 저작권은 저자와 소유출판사가 갖습니다.
본사의 서면 동의 없는 무단 전재와 복제를 금합니다.
파손된 책은 구입하신 곳에서 교환해 드립니다.

첫 번 째 冊

_____ 님은

하나님의 손끝에서 빚어진
빛나는 작품입니다.
이제 책을 덮고,
자신의 이야기를 삶으로 써 내려 가기를
응원합니다.

소우 editor